13년차 PO의 성공적인 제품 개발 전략과
노하우 & 마인드셋

프로덕트 개발의

PRODUCT DEVELOPMENT

모든 것

김수재 지음

비제이퍼블릭

13년 차 PO의 성공적인 제품 개발 전략과 노하우 & 마인드셋

프로덕트 개발의 모든 것

서 문

나의 IT 도메인 경력은 2011년에 시작되었다. 우연한 기회로 CRM 제품을 기획하고 개발하는 비즈니스로 사업을 시작하게 되었고 적절한 시기에 Exit를 했다. 그 이후 지금까지도 세상을 변화시키기 위해 노력하는 다양한 스타트업에서 경험을 쌓아가고 있다. 지난 10여 년의 오랜 시간 동안 짜릿한 성공경험과 함께 다양한 실패 또한 경험했다. 그간 성공 과정에서보다 실패 과정에서 더 많은 성장을 이룰 수 있었다고 회고한다.

사실 이 책은 성공의 방법론을 다루는 책이 아니다. 그러니 '당신이 이렇게 하면 성공할 것입니다.'와 같은 마법 같은 정답을 찾지는 못할 것이다. 세상에는 그러한 정답이 존재하지 않기 때문이다.

세상에는 제품 담당자를 위한 다양한 서적이 존재한다. 일을 어떻게 해야 하고 어떠한 순서로 해야 하며 어떠한 태도를 취해야 하는지 등등에 대해 이야기한다. 하지만 책에서 본 대로 실행하기 어렵다는 것을 우리는 알고 있다. 우리는 기계와 일하는 것이 아니라 사람과 일하기 때문이다. 그러니 우리가 책에 적힌 그대로를 실행한다고 하더라도 큰 변수가 생기면서 책에서 알려준 방식이 통하지 않는 경우를 겪게 될 것이다. 여기서 말하는 변수는 사람을 뜻한다. 사람만큼이나 변수가 큰 것은 없기 때문이다.

그럼에도 불구하고 '어느 회사에서, 어떤 나라에서 성공한 팀은 이렇더라'와 같이 마치 그들의 성공 방정식이 정말 모든 것이 검증된 완벽한 공식인 것처럼 이야기하며 이를 지키지 않는 것은 바보 같은 일이라고 지적한다면 이는 다소 잘못된 방향일 것이다. 그들처럼 생각하지 않고 그들과 같이 행동하지 않는 것은 어리석거나 부족해서가 아니라 그것을 적용할 방법이 부족하거나 처해진 나름의 환경적 문제가 있기 때문이라는 것을 간과한 것이다.

나는 이 책을 읽는 사람들이 제품 담당자로서 앞으로 다양한 의사결정을 함에 있어서, 보다 나은 방향으로 일을 진행하기를 바라며, 그 과정에서 실행한 의사결정으로 영향받을 수많은 사용자는 물론 제품을 함께 만드는 수많은 동료들의 인생에 기여할 수 있기를 바라는 마음으로 한 글자 한 글자 적어 나갔다.

지금 이 순간에도 수많은 스타트업이 저마다 좋은 제품을 만들어 세상에 내놓으며 혁신을 만들기 위해 노력하고 있다. 아마 모든 스타트업의 대표들을 비롯해 기업에 속해 제품을 만드는 사람들은 '내가 만든 제품이 세상에 한 획을 그었으면 좋겠다' 혹은 '좋은 제품을 성공시키고 싶다'라고 생각할 것이다.

이런 바람과 함께 혁신적이고 성공하는 제품들을 만들기 위해 일하는 방식을 개선하고 더불어 생산성을 향상하는 다양한 방법론이 등장하기 시작했다. 코로나19를 겪으며 일을 하는 공간에 대한 개념도 바뀌어 갔고 사람들과 일하는 방법도 점점 더 바뀌어 왔다. Design Thinking, UX 등 시간이 지날수록 고도화된 사고법도 등장하고 이를 적용한 다양한 성공 사례를 이제는 어렵지 않게 우리 주변에서 찾아볼 수 있다.

불과 십수 년 전만 하더라도 스프린트, 스크럼 같은 용어를 사용하는 것은 낯설었고, 완벽하게 준비된 기획서가 없으면 개발을 시작할 수 없다고 이야기하는 분위기가 만연하던 시절이 있었다. 요구사항에 없어서 개발하지 않았다, 논의된 적이 없어서 디자인하지 않았다, 말해주지 않아서 그 부분까지는 기획하지 않았다는 평계를 주변에서 흔하게 볼 수 있었다.

당시 개발자는 3D 직종으로 불리었고 디자이너도 마찬가지였으며 기획자는 PPT 만드는 사람 정도로 이야기됐다. 지금으로서는 상상하기 어려운 이런 상황이 불과 수년 전의 일이다.

지금은 더 좋은 업무 환경과 더 나은 개발 도구나 디자인 도구를 비롯해 훌륭한 업무용 커뮤니케이션 도구도 있다. 회사의 문화는 이전에 비해 더 나아졌고, 제품을 만드는 모든 사람들이 우대받을 수 있는 환경이 되었다. 낮은 연봉에 3D 직종이라는 이야기는 더 이상 어디에서도 들려오지 않는다. 하지만 수많은 사람들이 성공보다는 실패를 더 많이 경험한다. 그리고 그 실패를 더 당연하게 여기고 있다.

더 많이 더 빨리 실패하는 것이 더 좋은 제품을 만들 수 있는 길이라는 말이 있다. 하지만 이 말을 매번 실패해도 괜찮다는 말로 오해해서는 안 된다. 실패를 용인해 주지 않는 회사는 나쁜 회사라고 손가락질할 필요도 없다. 업무 환경이 좋아진 것과는 반대로 어느 정도 성공하지 못하면 조직과 기업은 생존하기 더 어려워진 환경에 노출되어 있다. 성공의 가능성이나 구성원의 우수성보다는 당장의 매출과 같은 실적이 뒷받침되지 않으면 투자자로부터의 투자 유치는 더욱 어려워졌다.

제품을 성공시키겠다는 열망을 이루기 위해 많은 조직과 사람들이 끊임없이 노력하고 있다. 일과 삶이 구분되지 않을 만큼 끊임없이 고민하고 있다. 그럼에도 불구하고 회사의 한정된 자원을 낭비하며 여러 가지를 실험해 보면서도 실험은 그저 일이고, 그 실험들을 그저 이력서의 한 줄을 만들기 위한 나만의 경험이라고 여긴다면 하루가 다르게 변해가는 이 시대에서 성공으로부터 더 멀어질 것이다.

성공이 무엇인지 명확하게 말하기는 어렵다. 스타트업의 90%는 실패하고 나머지 10% 중 1%만이 미디어에 노출되며 그들의 성과만을 세상은 기억한다. 그리고 실패하지 않은 나머지 9%의 기업은 아마 '생존'을 위한 사투를 벌이고 있을 것이다.

스타트업에서는 대부분 개인이나 기업을 위한 위한 제품을 만든다. 제품은 IT 제품에 한정되지 않는다. 의류, 화장품, 식품 등 다양한 분야를 모두 포함한다. 그중에서도 IT 분야에서 제품을 만드는 사람을 우리는 PO(Product Owner), PM(Product Manager)이라고 부른다.

나는 이 책을 통해 성공에 가까워지기 위해서 어떠한 태도와 사고를 견지해야 하는지도 더불어 이야기할 것이다. 어쩌면 나의 경험과 생각이 잘못되었거나 시간이 지나 쓸모없는 것이 됐을 수도 있다. 다만 실패를 경험하는 사람들이 겪는 대부분의 문제나 상황은 지난 10년간 크게 변하지는 않았던 것 같다.

우리 주변에서도 이제는 실패의 경험에 대해 어렵지 않게 들을 수 있다. 그럼에도 불구하고 같은 실패의 과정을 생각보다 많은 스타트업들이 답습하고 있다. 다양한 미디어를 통해 그들의 이야기를 쉽게 접할 수 있지만 우리는 그러한 부정적인 이슈에 대해서 말하고 듣기를 꺼리기 때문일 것이다. 하지만 성공은 사실 실패의 반대편에 있기 때문에 실패한 케이스를 잘 알아 두는 것은 결코 손해가 되지 않는다.

그래서 앞서 이야기한 1%의 성공에 속할 가능성을 어떻게 하면 1%라도 높여 나갈 수 있는지에 대해 이야기하기에 앞서 수많은 스타트업 대표와 다양한 회사의 제품 담당자들과 대화하며 나눈 이야기들 중 실패의 과정에서 듣게 된 이야기를 먼저 나누어 보고자 한다.

베타리더

프로덕트(product)에 대한 '모든 것'을 잘 보여주고 있는 책입니다.
프로덕트 매니저는 말 그대로 제품 관리자입니다. 제품의 시작과 끝을 함께 하는 역할이지요. 제품에 대한 모든 작업에 관여해야 하고, 좋은 제품이 나오기 위해 노력해야 합니다. 그 노력이 헛되이 되지 않도록 다양한 도구와 방법을 익혀야 하죠. 이 책이 그것들을 알려주고 있습니다.
프로덕트 매니저를 꿈꾸고 있는 분들에게 좋은 가이드가 될 수 있는 책입니다.

김동우

기본적으로 PM과 PO는 프로덕트를 주체적으로 만들어가기 때문에 프로덕트들이 어떻게 만들어지는지에 대한 전체 흐름을 알게 하는데 도움을 줄 수 있다고 생각합니다. 더불어서 내가 있는 조직이 작고 또 변화를 원한다면 우리 조직을 어떤 방식으로 어떻게 변화시킬지 고민하면서 읽어보길 권합니다. 다 읽고 디자이너인 와이프에게도 이 책을 권해봤습니다.

류지훈

이 책은 PO와 PM 그리고 프로젝트 구성원들이 프로덕트를 어떻게 실제로 만들어나가는지, 그리고 협업 과정에서 마주하는 어려움을 어떻게 해결할 수 있는지에 대한 저자의 경험이 녹아 있는 가이드라인입니다. 탁월한 한 사람만으로는 성공할 수 없는 것처럼, 구성원 모두가 협업을 통해 의견을 나누고 함께 해결책을 찾아야 성공적인 결과를 얻을 수 있습니다.

이호철

하나의 회고록을 읽는 느낌이 드는 도서입니다. 특히 후반부에 다루어진 애자일과 스크럼에 관한 내용은 저 역시 같은 경험을 했기 때문에 깊이 공감할 수 있었습니다. 이 도서는 PO와 PM뿐만 아니라, 개발자라면 누구든지 읽어봐도 좋은 도서라고 생각합니다.

유형진

프로덕트 개발의 완벽한 바이블!

프로덕트 개발의 세계는 빠르게 변화하고 복잡합니다. 이러한 환경에서 성공적인 PM/PO가 되기 위해서는 무엇보다도 현장의 생생한 경험과 지혜가 필요합니다. [프로덕트 개발의 모든 것]은 실제로 PM 베테랑인 저자 본인의 풍부한 경험에서 우러나온 조언들로 가득한 책입니다. 나쁜 사례와 잘못된 예를 솔직하게 공유함으로써, 무엇을 피해야 하고 어떻게 개선할 수 있는지를 명확하게 제시합니다.

저자가 직접 겪은 다양한 사례들은 이론에 머물지 않고 현실에 뿌리를 두고 있어 이해하기 쉽고 공감이 됩니다. 이를 통해 독자들은 책을 읽는 동안 마치 현장에서 직접 배움을 얻는 듯한 느낌을 받게 될 것입니다.

PM을 꿈꾸는 예비 PM부터 이미 현장에서 활약하고 있는 분들까지, 이 책은 프로덕트 개발에 참여하는 모든 이들에게 귀중한 지침서가 될 것입니다. 강력히 추천합니다.

권순기(Computer Science 석사과정)

목 차

01 실패하면 꼭 등장하는 핑계

02 우리는 정말 제품을 이해하고 있을까?

03 제품을 만드는 사람

목 차

목 차

목 차

글을 마치며

01

실패하면 꼭
등장하는 핑계

1-1

가끔은 어디로 가고 있는지조차 잊는다

"우리는 이번에 웹 제품을 개선해 보기로 했습니다. 이번 스프린트(팀이 일정량의 작업을 완료하는 시간이 정해진 짧은 기간) 기간에 웹 제품을 개선해 보려는 이유는 앱은 각 OS별 스토어에서 사용자가 직접 검색하고 설치해야 한다는 장벽이 있지만 웹은 포털사이트에서의 검색만으로도 우리 제품에 접근하기가 쉽고 더 많은 사용자에게 다양한 방법으로 노출될 수 있기 때문입니다.

SEO(검색 엔진 최적화)만 잘하면 우리는 적은 비용으로 더 많은 사용자의 트래픽을 확보할 수 있을 겁니다."

팀원들과 웹(web) 제품 개발 시작 전 기획 취지와 목표에 대해 이야기하는 자리에서 SEO를 통해 더 많은 사용자를 확보하자는 이야기를 나누었다.

"결과적으로 확보된 트래픽을 우리의 핵심 이벤트(제품이 사용자에게 기대하는 행동)로 전환하는 것을 목표로 합니다. 따라서 불필요한 것은 최대한 우선순위를 낮추어서 후순위로 개발하고, 검색 엔진에 최적화해서 트래픽을 확보하는 단계와 확보된 트래픽을 핵심 이벤트로 전환하는 기능을 개발하는 것에 집중하시죠."

위 대화의 핵심은 웹을 개발하고, 검색 엔진에 최적화해서 증가한 트래픽을 핵심 이벤트(구매, 신청 등)로 전환하는 것이다. 제품은 총 세 단계를 거쳐 완성도 있게 개발하기로 했고 우선 어떻게 하면 검색 엔진에 최적화된 웹 제품을 만들지에 대해 오랜 기간 논의했다.

프로젝트가 3주 차를 맞았을 때 첫 버전의 제품이 출시되었다. 제품을 출시한다는 기대감과 달리 여기저기에서 작은 불만의 목소리가 나오기 시작했다. 문제가 있다고 여기는 구성원들과 출시된 제품에 대해 불만족하는 부분이 무엇인지 대화를 나누었다.

"이번에 출시된 제품을 보면 구성 요소별로 구분이 잘 안되는 것 같아요. 기본적으로 섹션과 섹션 사이는 구분이 잘되면 좋을 것 같은데 그게 안 되어 있어서 아쉽습니다. 그리고 모바일과 달리 PC에서는 마우스를 사용한다는 특성이 있잖아요? 거기에 맞게 Hover Event(엘리먼트 위에 마우스 올렸을 때 발생하는 이벤트) 정도는 넣었어야 하지 않나 생각합니다. 어떻게 보면 기본인데…"

디자인 분야에서 오랜 기간 일을 해왔기 때문에 나 역시 같은 문제에 대해 인식하고는 있었다. 의견을 전달한 구성원의 이야기처럼 기본을 갖추는 것도 물론 중요하다. 하지만 그가 이야기한 것이 지금 이 순간에 꼭 필요한 것인지는 생각해 봐야 한다. 그리고 그것이 정말 '기본'에 해당하는지도 따져봐야 한다.

디테일한 부분에 관심을 갖는 것은 대부분 제품의 완성도에 도움이 되는 일이다. 그리고 그것은 각각 '이 정도의 작업이라면 작은 노력을 들여서 충분히 할 수 있다'라고 말할 수 있을 만큼의 작은 일감인 경우가 많다. 하지만 그런 작은 노력 하나하나가 뭉치면 엄청난 일감이 된다는 것을 잊는다. 그리고 그런 일이 전체의 일정에 영향을 주기도 한다.

앞서 이야기했던듯 웹 제품을 만들기로 한 본래의 목적은 '검색 엔진 최적화를 통한 트래픽 확보'와 '핵심 이벤트로 전환하는 것'이었다. 이러한 목적을 잊고 작은 부분에 매몰되면 안 되기에 그 즉시 제품 담당자는 이러한 상태를 큰 문제로 인식해야 한다. 물론 유려한 디자인과 기능이 전환율을 높여줄 수도 있지만 목적 자체를 상실한 상태라면 제품 담당자는 구성원들에게 명확하게 방향을 설명해 줄 필요가 있다. 일의 본질을 거스르고 부가적인 일만 하고 있다면 제품이 잘 만들어지기 어렵기 때문이다.

제품 담당자들이 실패하는 대표적인 케이스는 '하기로 한 것'을 벗어나 '다른 일'을 했거나 그 일을 하는 데 너무 많은 시간을 허비하는 것이다. 즉, 본질에서 벗어난 일로 시간을 낭비하기 때문에 성공 가능성이 점점 낮아지는 것이다. 그리고 대부분의 제품 담당자들은 '본질'에서 벗어난 상태를 인지하지 못한다.

일의 본질적인 목적이 무엇인지를 되묻고 다시 한번 점검하는 과정은 스프린트 진행 전, 중, 후에 수시로 해야 하고, 이를 거듭할수록 더 좋은 결과가 만들어진다.

잘못된 방향으로 힘차게 걷느니 절뚝거리더라도 옳은 방향으로 느릿하게 가는 것이 낫다는 마르쿠스 아우렐리우스(로마 제국의 제16대 황제이자 스토아학파 철학자)의 말을 잊지 않아야 할 것이다.

다음으로는 UI, UX에 대한 이야기를 해보고자 한다.

1-2

UX, 니 때문이 아니다

디자인에 관심이 많거나 디자이너 출신인 제품 담당자들이 디자이너의 업무에 과도하게 간섭하는 경우는 최근에도 종종 발생한다.

"여기 이 부분 디자인을 이렇게 바꾸면 좋을 것 같은데"라고 말이다. 생각보다 많은 기업의 대표와 제품 담당자들이 이런 잘못된 행동을 한다. 디자이너에게 피드백을 하는 것은 지극히 당연한 일이다. 여기서 잘못된 행동이라고 이야기하는 것은 별다른 대안이나 이유 없이 본인의 취향에 따라 디자이너의 산출물을 '별로'라고 피드백하는 것을 말한다. 콕 집어 '별로'라고 이야기하지 않더라도 결국 그 말이 그 말이다.

제품 담당자가 피드백해야 하는 것은 수립된 가설을 기반으로 사용자가 목적을 달성하는 과정이 자연스러운지, 조금 더 나은 방법은 없을지 같이 논의하고 더 나은 방법을 함께 고민하는 것 외에는 없다. 디자인과 관련된 모든 것은 디자이너의 영역이라는 것을 존중해 주어야 한다.

디자인을 강조하는 사람들이 디자인을 잘 알거나 디자이너 출신일 것이라고 생각하지만 꼭 그렇지도 않다. 제품을 다양하게 경험해 본 제품 담당자들이 그러는 경우가 더러 있다. 특히 제품의 지표가 잘 나오지 않는 경우나 기대했던 결과가 도출되지 않을 때 이렇게 불필요한 디자인 피드백이 발생하게 된다.

제품을 담당하는 사람들은 대부분 문제 정의는 잘 되었는지 문제를 해결하기 위한 해결책이 틀린 것은 아닌지에 대한 검증보다는 다른 곳에서 원인을 찾으려고 하는 경향이 있다. 문제 정의나 가설이 틀렸다는 것을 인정하기 어려워하기 때문이다. 본인 스스로의 잘못을 인정하는 것은 생각보다 어려운 일이다. 그리고 부끄러운 일이다.

그러나 우리가 잊지 말아야 하는 사실은 제품 담당자들이 수립하는 가설들은 대부분 잘못된 것이라는 점이다. 100개의 가설을 수립하면 그중 99개는 틀린 가설일 가능성이 높다.

틀릴 수 있음을 인정하고 빠르게 실험하여 빠르게 실패하고 올바른 가설을 찾아내는 과정이 더 중요하다. 앞선 이야기에서 논했듯 성공을 위한 노력을 기반으로 실험하는 과정을 거치고 개선안을 찾아간다면 그것으로 족하다. 10개를 만들어서 10개를 다 성공시키는 것은 있을 수 없는 일이다.

스페이스 X가 로켓을 개발해서 100번의 발사에 성공하기까지 걸린 시간은 10년이다. 그리고 200번째 발사를 성공하는 데 걸린 시간은 2년이다. 특이점을 넘어서는 순간 제품의 성공 가능성과 속도는 더 빨라진다.

스페이스 X는 로켓을 실험하는 과정에서 무수한 폭발 사고를 비롯한 발사 실패가 있었다. 지구에서 가장 뛰어나다고 불리는 사람들이 NASA(미항공우주국)에 모여 제작한 우주왕복선도 무수한 실패가 있었고 그 과정에서 수많은 생명을 앗아가기도 했다. 그러나 그들은 실패를 끝으로 좌절하지 않고 우주왕복선을 개선하여 더 나은 결과를 만들어냈다.

그러니 실패의 원인을 다른 곳에서 찾으려고 하지 않았으면 한다. 제품의 성공과 실패 모두 온전히 제품 담당자의 몫이다. 그리고 그것을 인정하고 더 나은 경험을 제공하기 위해서 노력하는 것이 더 중요한 자세라고 생각한다. 성공은 모두의 공으로 돌리고, 실패는 빠르게 인정하는 것이 실질적인 성장의 과정이다.

내가 오랫동안 몸담고 있는 헬스케어 도메인에도 다양한 제품들이 있다. A라는 제품은 소아과를 예약하는 앱 제품이다. 제품의 첫인상은 다소 투박해 보인다. 지극히 개인의 취향이지만 A 앱의 회원 가입 양식을 비롯해 대부분의 UI는 불친절하게 느껴질 만큼 정성 들여 만든 것처럼 보이지는 않는다.

그런데 이 제품을 무려 10만 명 이상의 사람들이 다운로드했고 실제로 상당히 많은 사용자가 병원 예약을 위해서 사용하고 있다.
추측해 보건대 소아청소년과의 진료가 필요한 자녀를 둔 부모들이 주 사용층일 것이고, 그들의 연령대는 대략 30대 중후반 정도로 추정해 볼 수 있다. 이들은 생각보다 다양한 디바이스와 모바일 앱 제품 환경에 익숙한 경험이 많은 사용자들이다.

다양한 제품을 경험하면서 나름대로 사용자 인터페이스에 대한 눈이 높을 텐데도 투박한 A사의 앱 제품을 잘 사용하고 있다.
이유는 간단하다. A라는 제품이 그들의 니즈(needs)를 잘 충족시켜 주기 때문이다. 인기 있는 병원을 방문해 진료를 받기 위해서는 예약이 필수이고 사용자들이 가고 싶은 병원은 A라는 제품을 통해서만 예약이 가능하기 때문이다. 그러니 사용자들은 좋든 싫든 제품을 사용할 수밖에 없다. 디자인이 중요하지 않다고 이야기하는 것은 아니다. 마찬가지로 사용하고 싶은 제품과 사용해야만 하는 제품을 구분해서 다루고자 이야기하는 것도 아니다. 사용자들이 자신의 상황 때문에 어쩔 수 없이 울며 겨자 먹기로 제품을 쓰게 만들자는 말도 아니다.

디자인은 나중에 시간 들여 개선하면 된다는 것이다. 만약 핵심 기능을 제대로 제공하지 못한다면 아무리 유려한 디자인을 제공한다 하더라도 사용자는 제품을 사용하지 않을 확률이 높다. 결론은 잘될 제품이라면 예쁘지 않아도 잘된다는 사실을 기억해야 한다는 점이다.
시간을 다투는 상황에서는 우선순위가 그만큼 중요하다. 겉으로 보이는 것은 사용자에게 사실 크게 중요하지 않을지도 모른다. 가치가 없는 제품은 아름 답더라도 쓸모가 없다.
다음으로는 서론에서도 이야기했던 실험과 실패에 대해 이야기해 보려고 한다.

1-3

가설과 검증, 실험의 무게

"스티브, 저는 이번 분기에 100개의 실험을 해보는 것을 목표로 잡았습니다. 우버 (Uber)는 작은 팀에서조차 매주 수십 개의 실험을 해본다고 하더군요." 한 PM이 분기 목표를 정하는 과정에서 앞으로의 계획에 대해 공유했다.

"저희는 지금 여러 가지를 실험해 보는 중입니다. 이것도 해보고 저것도 해보면서 방법을 찾는 거죠. 아직 결과는 없어요. 하지만 언젠간 찾겠죠?"

세일즈 담당자에게 목표 달성이 더딘 이유에 대해서 질문하자 돌아왔던 답변이다. 가설을 세우고 이를 검증하는 과정을 보통 무언가를 실험해 본다고 표현한다. 실험이라는 단어를 들으면 어떠한 생각이 드는지 자문자답해 보자. 대다수의 제품 담당자들은 '실험'이라는 단어 자체에 대한 무게감에 공감하고 있을 것이다. 왜냐하면 스스로 세운 가설을 검증하기 위해서는 수많은 동료의 힘이 필요할 뿐 아니라 엄청난 비용이 발생하기 때문이다.

하지만 그 가설이 잘못된 것이라면 어떠한 결과를 가져올까? 가설이 잘못된 것이라는 결론은 '실험'을 '실행해 봄'으로써만 검증할 수 있다. 따라서 실험을 해야만 잘된 것인지 반대로 잘못된 것인지 알 수 있다. 하지만 상식적인 선에서도 가설의 진위를 구분해 낼 수 있고, 이미 다른 수많은 팀에서 실험해 본 결과도 우리 주변에서 쉽게 찾아볼 수 있다. 충분히 많은 자원을 갖고 있는 팀에서 이미 실험해 본 것을 구태여 검증한다며 팀원들의 인생을 낭비해서는 안 된다.

이미 검증된 실험을 구태여 반복하는 이유는 '그들과 우리는 다르기 때문이다'라는 생각을 기반으로 하기 때문이다. 우리 제품은 이커머스가 아니라 플랫폼이니까 이커머스 제품에서 실험한 결과와는 확연하게 다를 것이라고 생각하는 것이다.

나는 제품 담당자가 되기를 희망하거나 제품 담당자로 일하는 동료들에게 언제나 '가설을 수립'할 때부터 아주 신중해야 한다고 조언한다.
생각보다 많은 제품 담당자들이 '실험을 하는 행위' 자체에 매몰된 경우가 많다. 이것저것 다양한 실험을 해보는 것 자체만으로 '일을 많이 한 것'과 같은 착각을 불러일으키기도 한다. 우리가 실험을 하는 본질적인 이유를 잊고 '실험이라는 행위'에만 집중하는 순간 엄청난 기회비용의 상실을 경험할 수 있다.
실험을 하는 이유는 더 나은 대안을 찾기 위한 과정이기 때문이다. 본질적인 실험의 목적은 잊고 단순히 이번에는 무엇을 실험할지를 고민하는 상태라면 결과를 보지 않더라도 아무런 의미가 없는 행위로 끝날 것이라는 예측이 가능하다.

모두의 인생에서 시간은 귀중한 가치를 갖는다. 제품을 담당하는 PM, PO 모두 시간을 소중하게 생각한다. 그만큼 다른 구성원의 시간도 소중하다는 것을 잊지 말아야 한다. 그렇게 소중한 시간들이 모여서 하나하나 작은 결과들을 만들어내는 것은 회사가 정한 목표를 달성해 가는 과정이 되고 구성원이 그 회사에서 일을 하는 존재의 이유가 된다.

해야 할 일을 하지 않고 단순히 실험이라는 행위에 집중하고 있지 않은지 돌아보자. 해야 할 일이라는 것은 '조직의 목표'를 의미한다. 끼워 맞추기를 하면 그 어떠한 일도 목표 달성을 위한 일이 될 수 있다. 하지만 제품 담당자는 이러한 오류를 범해서는 안 된다.

그리고 스스로가 그런 상태이거나 구성원 중 누군가 이와 같은 상태를 보인다면 꼭 말해주어야 한다. 자아실현을 위한 실험은 돈을 받고 할 일이 아니라 돈을 지불하고 해야 하는 행위라고 말이다.

다음으로는 제품을 만들면서 실패의 원인을 기능에 대한 부족함이라고 이야 기하는 경우에 대해 이야기해 보고자 한다.

1-4

기능이 부족해서 실패하진 않는다

마지막으로 가장 많이 대는 핑계는 기능에 대한 이야기다. 대부분의 제품은 어느 정도의 구색을 갖추어야 한다. 구색이라는 것을 보다 쉽게 설명하면 다음과 같다. 이커머스 제품을 만든다고 가정해 보자. 사용자 입장에서 제품을 구경하고 장바구니에 담고 결제하는 기능이 있어야 한다. 이러한 기본적인 상품 리스트페이지, 상세페이지, 장바구니, 결제 기능 등이 기본적으로 갖추어야 할 요소다. 이를 '구색을 갖춘다'고 표현한다.

다른 유형의 제품을 예로 들자면 CRM(고객관계관리 소프트웨어)이나 ERP(전사적 자원 관리 소프트웨어)와 같은 SaaS(소프트웨어 기반 서비스)형 제품 역시 기본적으로 갖추어야 할 기능이 반드시 존재한다. 고객을 관리하는 제품에 핵심 기능인 메시지 또는 이메일 발송 기능이 없다고 생각해 보자. 고객의 목록과 히스토리를 정리하는 기능만 존재한다면 차라리 엑셀에 정리하는 편이 더 나을 것이다.

물론 이런 기능이 없더라도 제품이 동작할 수는 있다. 하지만 사용자는 제품을 사용하는 본질적인 목적을 달성하기 어렵다면 제품을 사용하지 않을 것이다. 또한 경쟁사가 더 나은 기능을 제공한다면 고객은 언제든 다른 제품으로 이탈할 것이다. 그래서 이러한 다양한 요구에 맞추어 제품의 기능을 고도화해 갈 필요가 분명히 있다.

제품을 소비하는 소비자 역시 본인의 목적을 달성시켜 줄 수 있는 제품의 기능에 대해 충분히 탐색하고 있고 적합한 솔루션이 시장에 나타나게 되면 언제든 사용할 의사가 있다. 이 때문에 제품의 기능 고도화는 제품 판매 이전에 선행되어야 한다. 하지만 제품이 판매되지 않는 이유를 반드시 부족한 기능만의 문제로 돌려서는 안 된다.

이는 단순히 제품만의 문제가 아닌 경우가 더 많기 때문이다. 이커머스 제품을 예로 들어보자. 최근에는 온라인 쇼핑몰을 손쉽고 저렴한 비용으로 구축할 수 있는 제품이 많다. 고도몰, Wordpress, Wix, imweb 등의 제품이 대표적인 예다.

이러한 빌더 제품을 통해 쇼핑몰을 만들면 개발자의 도움 없이도 기본적인 제품의 구색을 모두 갖출 수 있다. 그럼에도 불구하고 대부분의 온라인 쇼핑몰은 빠르게 구축된 속도만큼이나 우리 주변에서 빠르게 사라지고 있다.

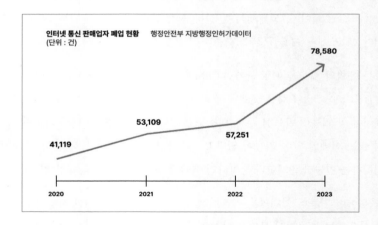

물론 이러한 인터넷 통신 판매업의 폐업 현황은 값싸고 저렴한 중국산 제품을 배송비까지 할인하며 판매하는 대형 인터넷 쇼핑몰이 국내로 진출한 것이 원인이라고 이야기할 수도 있을 것이다.

다만 이 글에서 다루고자 하는 것은 이러한 외부 환경 요인에 의해 경쟁력에 뒤처질 만큼 부실한 비즈니스가 우리 주변에 만연해 있었다는 것이 가장 큰 문제이지 이커머스 제품 자체의 기능이 부족해서만이 아니라는 것을 강조하고자 하는 것이다. 화려한 기능이 수백 가지가 있다고 하더라도 제품이 소비자의 선택을 받지 못하는 이유는 대부분 실제 소비자의 니즈를 제품이 해결해 주지 못하기 때문인 경우일 것이다.

따라서 제품을 개발하기 전에 고객에 대한 분석이 면밀하게 이루어져야 한다. 구색을 갖추는 정도로 빠르게 제품을 출시했다면 이제 경쟁에서 승리하기 위한 전략과 전술이 필요한 것이다. 단순히 경쟁사에서 만든 기능을 참고해서 제품을 만들더라도 본질적인 부분에서는 차이가 있어야 한다.

예를 들어 음식 배달 앱을 개발하는 회사에서 가맹점주를 모집한다고 가정해 보자. 가맹점에서 잘 쓸 수 있는 다양한 기능을 개발하는 것은 매우 중요한 일이다.
하지만 가맹점을 운영하는 사장님의 입장에서 가장 중요하게 보는 것은 플랫폼에 입점함으로써 얻게 되는 이익, 즉 매출이다. 주문을 처리하고 라이더를 매칭하는 기능은 경쟁사에 비해 다소 불편하지만 주문이 폭발적으로 증가해서 매출이 오른다면 플랫폼에 입점하지 않을 이유가 없다.

그래서 경쟁사에서 갖춘 기능을 모두 제품이 담아냈다고 하더라도 본질적으로 제품을 사용하고자 하는 목적을 달성하지 못한다면 제품은 성공하기 어렵다고 한 것이다.

플랫폼 비즈니스가 어려운 이유도 여기에 있다. 수요와 공급의 밸런스를 유지하는 것이 어렵기 때문이다. 그래서 기능이 아니라 사용자에게 제공되는 혹은 제공하고자 하는 본질적인 가치에 더 집중하는 것이 필요하다. 이것은 단순히 개발을 통해 기능을 개선한다고 해결될 문제가 아니기 때문이다.

그래서 기능이 부족하다는 핑계를 이야기하기 전에 본질적인 비즈니스 가치를 제대로 창출하고 있는가, 경쟁사를 충분히 압도할 만큼 훌륭한 전략과 전술을 사용하고 있는가를 살펴보아야 하는 것이다.

세상에는 수많은 형태의 제품이 있다. 다 같아 보이지만 본질적인 차이가 존재한다. 모바일에서 사용하는 제품과 PC에서 사용하는 제품의 차이 정도로 생각하기에는 그 종류가 다양하고 각각의 제품마다 전략과 전술이 다르다. 그렇다면 우리는 제품에 대해 얼마나 이해하고 있을까. 다음 장에서는 제품의 이해에 대해 살펴보고자 한다.

02

우리는 정말 제품을
이해하고 있을까?

2-1

제품, 상품, 서비스

Linked in(비즈니스 소셜네트워크)만 보더라도 Product와 관련된 일을 하는 사람이 많다. 하지만 제품에 대해 본질적인 부분에서부터 많은 사람들이 잘못 이해하고 있는 것들이 있다. 이미 수년간 경력을 쌓고 있는 사람부터 이제 막 제품에 대해 첫발을 내디딘 모두를 위해 기본적인 부분부터 이야기를 나누어 보고자 한다.

"상품과 제품 그리고 서비스의 차이는 무엇인가?"

누군가에게는 너무나 기본적인 이야기라서 다소 지루할 수 있겠다 싶지만 생각보다 많은 사람들이 제품과 상품 그리고 서비스에 대해서 명확하게 구분하지 못하는 경우가 많다.

어학 사전에서 명시하고 있는 '상품'이라는 단어는 '사고파는 물품', '장사로 파는 물건, 또는 매매를 목적으로 한 재화(財貨)'이다.

그리고 '제품'은 '원료를 써서 물건을 만듦. 또는 그렇게 만들어 낸 물품'이라고 되어 있는데 말 그대로 원료 또는 원천 기술을 기반으로 무언가를 만들어 내는 것이며 그렇게 만들어진 결과를 '제품'이라고 한다.

학문에서의 제품은 '제조'라는 행위를 통해 산출되는 결과물이며 제조라는 과정의 목표를 아래와 같이 정의한다.

1. 고부가가치 제품 생산 및 그 생산물의 증가
2. 고품질 제품의 경제적이면서 신속한 생산
3. 수요가 있는 제품의 생산

IT 제품을 개발하는 회사의 입장도 크게 다르지 않다. IT 기술을 기반으로 제품(웹, 앱 등)을 만드는 회사도 부가가치를 창출할 수 있으면서(Business Model), 이 과정이 경제적이어야 하고, 가급적 빠른 시간 내에 개발할 수 있어야 한다. 여기서 핵심은 사용자(수요)가 원하는 제품을 만드는 것이다.

앱(application)과 같이 스마트폰에서 구동되는 모바일 '제품'을 만드는 것을 예로 들어보자면 앱을 개발하는 회사에 소속된 개발 인력들이 본인들이 보유한 기술을 기반으로 개발하는 것이므로, 그 기술이 모두가 익히 사용하고 있는 개발 언어이거나 오픈 소스라고 할지라도 결과적으로 회사 입장에서 출시한 앱은 '제품'인 것이다.

그리고 그 앱을 유통하는 채널은 구글과 애플이 만든 플레이스토어 또는 앱스토어를 통해 사용자에게 전달된다. 플레이스토어와 앱스토어는 회사가 개발한 제품을 유통하는 유통 채널로 소비자에게 보다 쉽게 앱이 도달할 수 있도록 구글과 애플이 직접 개발한 '앱 유통 제품'이다. 그리고 그 앱 유통 제품에서 사용자에게 유료 혹은 무료로 제공되는 각종 앱이 소비자의 입장에서는 '상품'이 되는 것이다.

조금 더 우리가 일상에서 사용하는 것을 기준으로 설명한다면 다음과 같이 정리할 수 있다.

온라인에서 식재료를 판매하는 회사에서 사용자가 보다 편리하게 식재료를 구입할 수 있도록 전용 앱을 개발했다면 이는 회사 입장에서 제품이 된다. 그리고 소비자 입장에서 이 앱은 식재료를 구입할 수 있는 유통 채널이자 상품이다. 다양한 회사들이 식재료 이커머스 앱에 입점하여 각 회사에서 개발한 식재료 '제품'을 등록하여 판매하면 이러한 식재료 제품 역시 소비자 입장에서는 '상품'이 된다.

우리나라를 대표하는 ○○전자는 TV를 비롯한 다양한 가전제품을 직접 제조한다. ○○전자의 입장에서 TV를 비롯한 세탁기 등은 직접 제조한 것이므로 회사 입장에서 제품이 되고, 이를 오프라인 매장이나 온라인에서 판매하므로 소비자에게는 '상품'이 된다. ○○전자는 제조라는 행위를 통해 제품을 만들고 이를 상품화하여 유통까지 하는 회사인 것이다.

제조라는 과정을 통해 제품을 생산하게 된다는 것과 제품이 무엇이며, 상품과 제품의 차이를 이해하게 되었을 것이다.

그러면 아직 언급하지 않은 서비스란 무엇일까? 여기서 말하는 서비스라는 단어를 어학 사전에서는 어떻게 정의하고 있는지 살펴보자.

1. 재화(財貨)를 생산하지는 않으나 그것을 운반·배급하거나 생산·소비에 필요한 노무를 제공하는 일.
2. 개인적으로 남을 위하여 여러 가지로 봉사하는 것. 특히, 장사에서 손님을 접대하고 편의를 제공하는 것. 순화어는 '봉사', '접대'.
3. 장사에서, 값을 감해 주든지 덤을 붙여 주든지 하여 고객에게 이익을 베푸는 것.

필자가 속해 있는 헬스케어 업계에서 의사들은 '의료 서비스'란 말을 상당히 불편해하며, '우리가 서비스직이냐'라는 식으로 이야기한다.

사실 '서비스'라는 말이 우리 사회에서 통용될 때 뭔가 본인이 직접 하기 싫거나 귀찮은 일을 다른 사람이 대신해 주는 것처럼 여기기 때문이 아닐까 생각한다.

그래서 단어의 뜻 자체보다는 이를 해석하는 인식 자체가 다소 부정적이고 낮게 바라보는 부분이 있을 것이라 생각한다. 앞서 보았듯이 실제 어학 사전에서조차 이와 같은 의미가 내포되어 있다는 것을 알 수 있다. 하지만 조금 다르게 생각해 보면 '의료 서비스'라는 말이 잘못된 말이 아니라는 사실을 알 수 있다.

자동차를 수리하기 위해 자동차 정비소를 방문할 때 우리는 '서비스 센터에 간다'라고 일상생활에서 표현한다. 여기서 말하는 '서비스'는 앞서 사전에서 풀이했듯이 문제를 해결하는 과정에서나 니즈를 충족하는 과정에서 사람이 개입되는 경우를 의미한다. 즉, '노무'가 발생하게 되면 어떠한 경우이건 서비스라는 말을 붙일 수 있는 것이다.

그래서 우린 자동차가 고장 나면 '서비스' 센터에 맡긴다. 스마트폰이 고장 나면 제조사의 '서비스' 센터에 가는 것처럼 말이다. IT 제품에서 '노무'가 결합한 형태를 우리는 이제 쉽게 찾아볼 수 있다.

온라인 식재료 관련 이커머스 앱은 식료품을 기존의 오프라인에서 구매하는 것보다 편리하고 빠르게 모바일 앱이나 웹에서 구매할 수 있는 이커머스 제품이다.

샛별배송(새벽배송)을 알린 M사의 소개 이미지

이러한 앱 제품을 통해 우리는 각 식재료 상품을 장바구니에 담고, 배송을 신청한다. 그리고 구매한 제품은 얼마 지나지 않아 오전 이른 시간에 집 앞에 배송되어 있다. 이것을 '새벽배송'이라고 부른다. 새벽배송은 해당 이커머스 회사에 소속된 배송 담당자들이나 연결된 제휴 업체를 통해 배송을 해주는 서비스다. 이처럼 IT 제품과 배송 담당자의 노무 서비스가 결합된 형태의 제품을 개발, 운영하는 회사들이 우리 주변에 많다.

직접 고용을 통해 서비스를 제공하거나 외주를 맡겨 서비스를 제공하기도 한다. 음식 배달 앱에서 음식을 선택하고 배송을 요청하면 우리는 제휴된 라이더를 통해 음식을 집까지 배송받는다. 역시 음식점과 사용자를 이어주는 플랫폼 제품에 서비스가 융합한 형태인 것이다.

비대면 진료 앱으로 우리는 이제 집에서도 의사의 의료 서비스를 받을 수 있다. 의사가 제공하는 의료 행위는 소비자의 입장에서 '서비스'이다. 의사라는 '사람'이 해주는 진료 행위를 기반으로 하기 때문이다.

언급했듯이 서비스라는 단어가 다소 낮은 자세로 상대를 대하는 것처럼 인식되기도 하지만 결과적으로 '노무'를 통해 소비자의 요구사항을 해소하는 과정이라고 본다면 '의료 서비스'라는 말은 나름 적절한 말이라고 이해할 수 있을 것이다.

이제 우리는 제품, 상품, 서비스를 누구보다 명확하게 구분할 수 있는 제품 담당자가 되어가고 있다. 그렇다면 우리가 담당하게 될 제품의 유형에 대해 알아보고 제품의 유형을 잘 알아야 하는 이유도 살펴보자.

2-2

제품의 유형

우리는 흔히 제품의 유형을 구분할 때 End User(최종사용자)가 누구인지에 따라 B2B(Business-to-Business), B2C(Business-to-Consumer, Business-to-Customer), B2G(Business-to-Government)로 구분한다. 이와 달리 PM, PO는 제품을 직접 담당하므로 제품의 역할에 따라 유형을 구분할 필요가 있다.

우리는 우리가 담당하고 있는 제품을 아주 잘 안다고 생각할 수 있다. 하지만 같은 기술을 기반으로 '애플리케이션'이라는 제품을 만든다고 하더라도 다 같은 제품은 아닐 수 있다.

가치 전달을 기준으로 제품을 바라보면 노무가 포함된 '서비스'를 사용자에게 제공할 핵심 가치로 접근하는 제품이 있고, 사용자에게 가치가 전달되는 과정에서 '노무'가 전혀 개입되지 않는 제품도 있다.

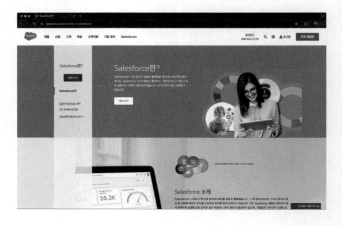

제품을 사용하는 End User가 꼭 일반 대중이 아닌 경우도 있다. 회사의 운영을 효율화하기 위한 제품으로 최근 B2B 제품 시장이 급속도로 성장하고 있고, 이 같은 경우는 거래 회사나 집단에서 해당 직무를 담당하는 사람들이나 조직 자체가 End User가 된다.

제품의 역할을 정확하게 이해하지 못하면 제품은 잘못된 방향으로 나아가게 된다. 제품을 정확하게 이해하지 못하고 수립된 각종 전략들은 제품을 실패하게 만들고 제품에 참여한 모든 구성원의 노력을 수포로 돌아가게 만든다. 그래서 제품 담당자는 스스로가 담당하고 있는 제품이 어떠한 유형에 속하고 있는지에 대해서 명확하게 이해하고 있어야 한다.

PO, PM이 알아야 하는 제품 유형

제품을 담당하는 PO, PM이 제품의 유형을 제대로 구분해야만 하는 이유에 대해서는 제품의 유형을 제대로 이해하지 못할 경우 발생하는 문제를 살펴보면 역으로 그 필요성을 확인할 수 있다.

 "스티브, 우리 제품에도 토스(Toss)처럼 사용자들에게 걸음 수마다 포인트를 주는 '만보기' 기능을 제공하면 앱의 리텐션(Retention, 특정 기간 동안 활성화된 유저나 고객의 수를 나타내는 지표)에 긍정적일 것 같은데 개발해 보면 어떨까요?"

평소 제품에 관심이 많은 개발 챕터 리드가 준 의견이었다. 제품에 관심이 많은 만큼 다양한 기능을 통해서 사용자의 재방문을 유도하고 장기적으로 제품 중심 성장을 할 수 있는 조언을 해 주었다.

리텐션(Retention)에 대해서는 Data-Driven(데이터를 기반으로 의사결정을 내리는 것) 섹션에서 더 자세한 설명을 하겠지만 앱의 리텐션 지표를 높이기 위해서는 사용자에게 습관을 형성할 수 있는 제품을 개발하는 것이 도움이 된다고 알려져 있다. 다만 제품의 유형이 이에 적합한지와 제품의 Stage에 따라 적합한 제품 개발 내용에 대한 우선순위를 판단해 낼 수 있는 의사결정 능력이 필요하다.

앞으로 반복하여 자주 강조하겠지만 제품 관리자로서 가장 중요한 역량은 '우선순위'를 제대로 정하는 것이다. 제품 관리자는 본인이 담당하는 제품에 대해 깊이 이해하고 그 이해를 바탕으로 새로운 기능을 추가함으로써 제품과 회사가 성장 가능한지를 판단해 낼 수 있어야 한다.

앞선 대화에 나온 사례와 같이 '만보기'라는 새로운 아이디어가 팀으로부터 나왔다고 가정해 보자. '만보기' 기능은 사용자에게 습관을 형성하고 제품의 사용 주기를 짧게 만듦으로써 사용자가 더 자주 제품에 접속할 것이란 기대에 의해 고려된 기능이다. 여기에 핵심은 '만보기'라는 기능이 우리 제품의 유형에 적합한 기능인지와 사용자의 요구사항에 맞는지에 대해 제품 담당자가 판별해 낼 수 있어야 한다는 것이다.

몇몇 회사가 만보기 기능을 통해 매출을 발생시키기도 하고, 사용자의 적극적인 재사용을 유도하기도 한다. 이러한 타사의 경험을 우리 제품에 그대로 가져오는 것은 제품의 유형이 동일하다고 하더라도 성공 가능성이 높지 않다. 제품의 유형 자체도 동일하지 않다면 만보기 기능을 통해 사용자의 적극적인 재사용을 기대하기는 어려울 수 있다는 말이다.

만보기라는 기능 자체가 문제인 것이 아니라 이 제품에 이러한 기능이 적합한지를 판별할 수 있는 경험과 의사결정 능력, 이러한 제안을 거절할 수 있는 논리를 갖추는 것이 무엇보다 중요하다.

2-4

당신은 얼마나 자주 여행하시나요?

만약 '에어비앤비'와 같이 제품의 사용 주기가 애초에 긴 제품에 만보기 기능을 넣는다면 사용자가 더 자주 앱을 사용하게 될까? 만약 에어비앤비가 만보기 기능을 개발하여 공급한다면 당신은 어떤 생각을 가질지 상상해 보자.

사용자 획득에 초점이 맞추어진 기능을 통해 성장이 가능한 제품이라면 물론 이런 기능의 개발이 필요할 것이다. 하지만 그에 적합하지 않은 경우라면 '만보기' 기능을 아무리 잘 만들더라도 실패할 가능성이 높다. 제품 본질의 가치를 극대화해 주는 것이냐 아니면 단순히 지표를 개선하기 위한 것이냐에 따라 실패라는 기준이 서로 다를 수 있겠지만 제품 본질의 가치를 극대화하는 것을 성공 실패의 기준으로 한다면 대부분 실패한 선택이 될 것이 분명하다.

'에어비앤비'는 '여행'이라는 도메인에서 전통적인 호텔 같은 숙박 비즈니스 분야에서 경쟁하는 제품이다. 여행을 가기로 계획하는 시점은 보통 긴 연휴이거나 휴가철일 것이다. 여행을 직업으로 삼지 않는 이상 사용자는 제품을 다시 사용하기까지 생각보다 긴 주기를 갖는다. 제품의 특성상 사용자의 방문 주기가 긴 제품이라면 이 주기를 강제로 짧게 만들려고 하기보다는 그 주기에 최상의 사용자 경험을 제공하는 것에 더 집중해야 한다.

두 번째로 병원 예약 제품인 '굿닥'을 예로 들어보자. 병원을 예약하기 위해서 우리는 얼마나 자주 제품을 사용할까. 많아야 한두 달에 한 번 정도 병원을 방문하게 된다. 물론 작은 증상에도 의사를 만나 질병에 대한 걱정을 해소해야 하는 사람들은 병원을 자주 방문할지도 모르겠다. 또한 어린 자녀를 둔 부모의 경우 생각보다 자주 소아청소년과를 방문하게 될 것이다.

이러한 유형의 제품은 제품 자체의 기능을 고도화하는 것만으로는 성장하기 어렵다. 아무리 예약 기능의 UI, UX를 잘 만든다고 해도, 사용자가 다니는 병원을 가기 위해 앱을 설치했는데 막상 해당 앱에 본인이나 가족이 자주 다니는 병원이 등록되어 있지 않거나 예약이 불가능하다면 이 제품을 사용할 이유가 없어지기 때문이다.

그러면 '굿닥'이라는 앱에 '만보기' 기능을 넣는다면 굿닥은 만보기 앱일까? 아니면 병원 예약 앱일까? 사용자에게 제공해야 할 가치가 충분히 전달된 상태에서는 만보기라는 기능이 재사용 주기를 조금 더 높이는 역할을 할 수는 있지만 핵심 가치(Core Value)를 온전히 사용자에게 제공하지 못한 상태에서의 제품의 무분별한 기능 개발은 오히려 독이 될 수 있다.

회사 입장에서 제품의 성장을 위해 사용자가 필요로 하는 클라이언트(병원)를 더 많이 확보하는 것을 목표로 세일즈를 보다 원활하게 진행할 수 있는 제품을 만들 것인가, 아니면 만보기를 만들 것인가는 제품 담당자가 결정해야 할 몫이지만 아무래도 전자의 경우가 더 나은 선택일 것이다.

이러한 우선순위를 정하는 의사결정을 위해서는 어느 정도의 기준이 필요한데 이 기준 중 한 가지가 바로 제품의 유형에 대한 이해이며, 이것이 제품 담당자가 제품 유형을 잘 알고 있어야 하는 이유이다. 앞선 사례에서 다루었듯 제품은 사용자에게 전달하고자 하는 고유의 가치가 있다. 이것을 우리는 Core Value라고 부른다.
토스는 앱 자체의 고유 기능을 기반으로 성장을 추구하는 제품이다. 그리고 만보기 기능으로 성장했다.

이것이 가능했던 이유는 토스가 '간편 송금'이라는 강력한 Core Value를 사용자에게 제공하고 있었기 때문이며, 더 자주 제품을 사용하는 것이 가치를 높일 수 있는 방법이었기 때문에 토스는 더 많은 사용자가 더 자주 토스 앱을 사용하도록 '만보기'라는 기능을 선택한 것이다.

토스는 즉시 현금화할 수 있는 포인트를 함께 지급함으로써 사용자가 어려워했던 금융의 접근성 문제(Paon Point)를 개선하여 해결해 준 것 외에 이득(Gain)을 추가로 제공했던 것이다. 그리고 토스는 소액 간편 송금을 기반으로 하기 때문에 사용 주기가 짧을 것으로 기대하되 제품이므로 그 짧은 주기에 맞는 기능을 지속적으로 개발하고 사용자로 하여금 더 자주 제품을 사용하도록 만드는 전략을 지속적으로 사용하고 있다.

굿닥이나 에어비앤비는 근본적으로 수요자와 공급자를 연결하는 '플랫폼 제품'이다. 그리고 우리는 이러한 유형의 제품을 O2O(Online to Offline)비즈니스 제품이라고 부른다. O2O 비즈니스의 제품이 모두 다 같지는 않지만 언급한 두 제품의 사용 주기는 다른 제품에 비해 상당히 길고 그 주기를 명확하게 예측하기가 어렵다. 물론 어느 정도 사용자가 확보된 이후에는 사용자의 제품 사용 주기를 확인하는 방법이 있지만 특히 초기 제품은 이러한 사용 주기를 계산하고 예측하기가 어렵다.더불어 이러한 유형의 제품은 양질의 공급자가 확보되지 않으면 수요가 일어나기 어려운 구조다.

이러한 제품은 사용자 입장에서 보면 '의료 서비스(노무)'를 위해 병원에서 기다리는 대기 시간을 최소화하고, 원하는 시간에 병원에 도달하기 위해 사용하는 것이다.
그러므로 이러한 제품이 지속적으로 성장하려면 사용자를 많이 확보하는 것도 중요하지만 보다 중요한 우선순위는 바로 '사용자가 원하는 병원'을 확보하는 것이다. 따라서 제품을 단순히 잘 만들고 제품의 기능이 다양하다고 해도 그 자체만으로는 성장을 기대할 수 없는 형태의 제품인 것이다.

맛집에서 조리한 음식을 집으로 배달받을 수 있는 제품(앱)이 몇 가지가 있다. 그런데 내가 원하는 맛집은 한 개의 제품에서만 주문이 가능하다면 필요에 따라 그 제품을 사용하게 된다. 경쟁 앱에 맛집이 똑같이 입점한다면 이제 배송비처럼 비교 가능한 것들을 살펴보겠지만 본질적으로 사용자의 니즈를 해결해 주는 근본적인 것은 디자인, 기능, 비용에 앞서 '먹고 싶은 음식을 조리하는 음식점'이 입점해 있는지 여부다.

이렇게 제품 기능을 중심으로 하는 성장(Growth) 전략만으로는 지표 성장이 어려운 유형의 제품을 다루는 제품 담당자의 역할은 조금 더 복잡하다. 비즈니스에서 발생하는 다양한 이해관계자의 사슬을 잘 연결하고 각 이해관계자의 문제를 명확하게 해결할 수 있어야만 비로소 성장을 도모할 수 있기 때문이다.

우리는 이전보다는 조금 더 높은 해상도로 '제품에도 각각의 유형'이라는 것이 존재한다는 것을 알아가고 있다.

2-5

매출을 만드는 제품

제품에 따라 바로 매출이 발생하는 제품도 있고 매출이 당장 발생하지 않더라도 매출이 발생할 가능성이 높은 제품도 있다. 제품은 보통 어떠한 문제나 니즈를 해결해 주는 역할을 한다. 그 문제나 니즈가 어디에서 발생하는지에 따라 매출이 발생할 수도 있고 그 매출의 발생 속도가 빠를 수도 느릴 수도 있다. 그리고 제품을 통해 매출이 발생하지 않을 수도 있다. 그러면 이러한 제품들에는 어떠한 차이가 있을까?

제품이 사용자로부터 발생하는 문제만 해결하는 경우에는 많은 사용자를 확보할 수는 있지만 반대로 매출이 발생하기는 어렵다.

예를 들어 시간 관리가 잘 안되는 사용자들이 있다고 가정해 보자. 시간 관리가 잘되지 않아 To-do를 관리하는 앱을 다운받아 사용해 보겠다는 마음을 먹는다. 그리고 앱스토어에 접속해서 To-do 앱을 검색한다. 스토어에는 이미 To-do를 관리하는 앱을 많이 찾아볼 수 있다. 대부분의 앱은 무료지만 일부 유료 앱도 있다. 당신이 사용자라면 어떠한 앱을 다운로드받겠는가?

메모하는 습관이 잘되어 있지 않아 메모 앱을 다운로드받는다고 가정해 보자. 이미 우리가 사용 중인 대부분의 스마트폰에는 메모 기능이 마련되어 있다. 더 나은 기능을 위해서나 업무용으로 필요한 경우를 제외한다면 대부분의 간단한 메모는 기본 앱을 사용할 가능성이 높다.

이처럼 공급자와 상관없이 사용자 쪽에서만 발생하는 문제나 니즈를 해결하는 제품들은 대부분 매출이 발생할 가능성이 적고 그로 인해 극적인 성장을 기대하기 어려운 경우가 많다. 그래서 이러한 제품들의 경우 사용자를 모으는 과정에서 브랜딩을 통해 다른 제품과 차별을 두는 방향을 선택하게 된다. 그리고 별도의 출구전략을 마련하거나 당장의 수익을 위해 애드몹과 같은 광고 매출처를 연결하는 선택을 한다.

반대로 제품이 사용자의 니즈와 공급자의 비즈니스 문제를 동시에 해결할 때 매출이나 투자 유치 가능성이 높아진다. 우리는 이러한 제품의 유형을 플랫폼이나 O2O 제품이라고 부른다.
플랫폼 제품은 비즈니스 과정에서 발생하는 문제 또는 니즈와 사용자의 니즈가 동시에 발생하는 경우 빠르게 성장할 수 있다.
만약 플랫폼 제품을 만들고 있지만 매출이 발생하지 않거나 그 규모가 작다면 공급자와 수요자의 니즈 중 어느 한쪽만 강한 경우일 것이다. 그러므로 양쪽 시장이 각각 니즈의 강도가 어느 정도인지 파악할 필요가 있다.

예를 들어 맛집을 소개하는 제품을 만들었다고 가정해 보자. 수요자 측의 니즈는 강하지만 맛집을 운영하는 사장님들은 이미 넘쳐나는 손님 때문에 추가 광고를 집행할 필요가 없다. 이러한 경우라면 수요자의 니즈는 강하지만 공급자의 니즈는 약하다. 제품은 빠르게 사용자를 확보할 수 있을지 모르겠지만 매출을 만들기는 어려울 것이다. 이렇게 양측의 니즈가 적절하지 않다면 비즈니스도 성장하기 어려운 경우가 많다.

우리는 온라인 쇼핑을 할 수 있는 이커머스 제품과 오프라인에 실재하는 매장을 연결하는 제품 등 다양한 제품을 경험할 수 있다. 이들은 결국 양면 시장(사용자와 사업자)에서 발생하는 니즈들을 해결하는 역할을 하며 각각 성장한다. 대표적인 국내 온라인 이커머스 제품은 상품을 판매할 판매자와 구매할 소비자를 연결하고 그 과정에서 로켓배송이라는 서비스를 제공하여 차별성을 강조하기도 한다.

만약 이 양면 시장의 균형을 적절하게 파악하지 못하고 있는 기업이 투자 유치를 하기 위해 IR(기업이 투자자나 이해관계자에게 경영상황, 재무상황, 업적활동 등에 관한 정보를 제공하는 활동)을 한다면 대다수의 경우 투자자로부터 매출을 어떻게 성장시킬 것인지에 대한 집중적인 공격성 질문을 받게 될 가능성이 높다. 그렇다면 이러한 유형의 제품을 담당하는 제품 담당자는 어떠한 역할에 집중해야 할까.

2-6

플랫폼 제품 담당자의 역할

양면 시장을 포함하여 다양한 비즈니스 관계를 연결하는 형태의 플랫폼 제품은 제품만으로 회사의 성장이라는 지표를 달성하기 어려운 경우가 많다. 따라서 제품 담당자의 가장 중요한 역할은 목표 지표로 성장을 이끌 수 있는 부서의 담당자와 협업하는 것이다. 이런 유형의 기업에 속한 제품 담당자에게 성장이라는 전략은 단순히 제품만 잘 만드는 것만이 아니라는 뜻이다.

만약 제품의 재사용 주기가 상대적으로 긴 플랫폼 제품의 제품 담당자가 초기 단계부터 제품의 핵심 기능만으로 성장(Growth)을 도모하겠다는 전략을 내세운다면 그 순간 비즈니스 관계를 주도하는 부서, 특히 사업 개발 또는 세일즈 담당 부서와의 마찰이 생기거나 이로 인하여 전체적으로 성장이 더뎌지는 결과를 초래하게 될 확률이 높다.

플랫폼 비즈니스의 핵심은 공급자와 수요자 두 측면을 모두 만족시켜야 하고, 사업 초기뿐만 아니라 중장기적으로 공급자의 확보에 주력해야 하기 때문이다.

제품 담당자들이 필요한 지표가 아닌 특정 지표에 매몰되어 정작 중요한 정보를 놓치곤 한다. 중장기적 전략을 바탕으로 공급자 확보에 주력해야 하는 제품 담당자가 공급자가 아닌 사용자 중심으로 지표를 바라보게 되면 문제가 발생하게 되는 것이 대표적이다. 특히 사용자들의 제품 재사용 지표의 핵심인 리텐션(Retention)과 같은 지표에 매몰되기 쉽다.

제품 유형에 대한 이해가 부족한 상태에서 단순히 재사용 주기 지표를 개선하기 위해 노력을 기울이게 되면 제품의 유형과 우선순위는 고려하지 않은 채 '만보기'나 커뮤니티 같은 기능으로 단순히 사용자가 더 오래 머무르도록 만드는 것을 목표로 일하게 된다.

제품의 생애주기에 따라 적절한 시기에 기능 도입이 필요한 것은 사실이다. 하지만 제품이 초기 단계이면서 충분한 공급자가 확보되지 못한 상태에서는 무엇보다도 공급자 역할을 맡는 거래처를 보다 빠르게 확보하기 위한 전략을 기반으로 '세일즈'에 기여할 수 있는 제품을 만드는 것의 우선순위가 높아야 한다.

이러한 유형의 제품은 세일즈와 같은 유관부서와의 협업을 강하게 만들거나 직접 영업 현장에서 움직여보는 것이 중요하다. 비즈니스를 이해하기 위해서는 제품 담당자가 비즈니스를 직접 해봐야 한다. 상상력을 기반으로 추정하는 것만으로는 비즈니스가 동작하는 원리를 빠르게 이해할 수 없기 때문이다.

반면에 이러한 조직의 특성을 혹자는 오해하기도 한다. 예를 들어 세일즈에 너무 치중되어 제품을 공급자의 요구사항에 맞추다 보니 일이 너무 힘들다거나 그 많은 요구사항을 수렴하여 개발하다 보니 시간이 부족하다는 것, 더불어 이러한 요구사항을 충족하기에는 개발 인력이나 구성원이 다소 부족하다는 것도 포함된다. 하지만 플랫폼에서 기술을 개발하는 팀만 이 같은 문제를 겪는 것은 아니다.

또한, 플랫폼 비즈니스 중 제품 중심의 성장이 어려운 형태의 비즈니스를 진행하는 기업이라 하더라도 기술 개발과 제품 개발의 우선순위가 낮지만은 않다. 양면 시장이나 다면 시장(판매자와 구매자, 또는 두 가지 이상의 상이한 유형의 가입 고객들 간의 직접적인 상호작용을 가능케 함으로써 가치를 창출하는 조직)에서의 IT 제품이 기존 오프라인에서 일어나던 비즈니스의 가치를 IT 기술을 통해 극대화하는 역할을 하기 때문이다. 이것을 디지털 트랜스포메이션이라고 부른다. 특히 앞서 이야기한 플랫폼 비즈니스에서 각 이해관계자의 이익을 극대화하는 역할에 IT 제품의 기여도가 매우 높다.

따라서 제품 담당자는 이러한 IT 기술을 기반으로 플랫폼 비즈니스의 가치 전달이 극대화되는 요소를 빠르게 찾아내야 하고 이를 가능하게 만들기 위해서는 현장의 소리를 더 자주 들어야 할 필요가 있다.

음식 배달을 중개하는 제품을 예로 들어보자. 음식 배달 중개 앱 자체를 잘 만든다고 하더라도 사용자가 원하는 맛집이 없다면, 사용자는 이용할 가치를 느끼지 못하게 된다. 그리고 음식을 판매하는 사장님의 입장에서는 이러한 중개 플랫폼 제품에 입점하여 얻고자 하는 것은 매출 상승이라는 결과인데, 플랫폼에 입점하는 과정이 너무 어렵거나 메뉴를 등록하고 매출을 확인하는 과정, 배달 기사와의 커뮤니케이션이 어려워 주문이 꼬이게 된다면 플랫폼에 입점을 꺼리게 될 것이다. 이러한 상태라면 제품을 운영하는 운영팀이나 세일즈팀의 입장에서도 원하는 가맹점 확보라는 목표를 달성할 수 없을 것이다.

한정된 시간과 자원(인력, 자금)을 가지고 진행되는 비즈니스는 이러한 치킨게임의 무한 반복 과정에서 많은 고민이 필요하고, 이를 잘 조율하는 것을 '우선순위'를 정한다고 표현하며, 이 우선순위 중 비즈니스 목표 달성을 위해 필요한 '제품'과 관련된 부문에서 의사결정을 담당하는 사람이 바로 '제품 담당자'인 PM과 PO다.

플랫폼 제품을 만드는 회사는 이러한 우선순위 결정에 있어 비즈니스의 단계에 따른 의사결정이 중요하다. 최종적으로는 수요자와 공급자 모두 만족할 제품을 만들어야 하겠지만 현재 회사가 성장하기 위해 필요한 것이 무엇인지 근본적인 물음에 답할 수 있어야 좋은 의사결정을 하는 제품 담당자가 될 것이다.

간혹 기술적 성장에만 집착하는 회사의 경우에는 비즈니스 성장을 위한 기술 고도화보다는 개발 언어를 변경하거나 오랜 시간 누적된 레거시를 제거하는 행위에 집중하는 경향이 발생하기도 한다. 물론 이런 것이 필요한 경우도 있겠지만 IT 제품의 기술력을 고도화하는 R&D 연구개발에 투자하여 얻는 이익보다 가맹점주의 빠른 온보딩(수월히 적응할 수 있도록 돕는 행위)을 바탕으로 Activation(활성화)되도록 하는 것, 라이더의 동선을 최적화하여 가까운 매장에서 픽업함으로써 사용자에게 음식을 배달하는 과정에서 효율을 높이는 것 등 이해관계자의 문제를 해결하는 것에 집중하는 편이 나을 것이다.

이러한 경우도 앞서 이야기한 것과 같이 가맹점의 입장에서 그리고 라이더의 입장에서 경험이 중요하다. '현장에 답이 있다'는 말과 같이 그 입장에서 상상하는 정도의 수준이 아니라 그 일을 직접 해봐야 더 나은 경험을 만들어낼 수 있다고 믿는다. 지금이라도 늦지 않았다. 움직인 만큼 결과를 얻어낼 수 있는 곳이 바로 현장이다.

PO나 PM이라는 직업을 책상에 앉아 고상하게 일을 지시하고 기획하며 대화를 나누는 직업으로만 이해했다면 미안하지만 오산이다.
때로는 불만이 가득한 고객과 직접 통화하며 머리를 조아려야 하고, 거래처 담당자에게 비난을 받을 수도 있다. 문제 해결을 위해서는 수일간 고단한 출장길에 올라야 할 수도 있다.

2-7

빌어먹을 커뮤니티

"스티브, 거래처를 확보하기 위한 것도 물론 중요하지만 우리 앱에 들어온 사용자들이 계속 체류하게 만드는 것이 가장 중요하다고 생각해요. 예를 들어 커뮤니티를 만든다든가…"

제품을 개발하는 조직 어느 곳에서나 커뮤니티를 제품 성공의 비법으로 생각하거나 커뮤니티를 통해 무언가 추가 성장을 도모하고자 하는 사람들이 상당히 많다. 그리고 이 커뮤니티를 만든다는 것을 아주 쉽게 생각하기도 한다. 커뮤니티 개발과 관련한 의견에 나는 다음과 같이 답했다.

"우리는 제품 단독으로 성장할 수 있는 유형의 비즈니스가 아니라고 생각합니다. 우리의 트래픽 원천이 어딘지에 대해 본질적으로 고민해 보면 좋을 것 같습니다. 단기적으로 유입된 사용자의 재방문율(Retention)에 얼마나 긍정적이고 장기적인 영향을 줄 수 있을지에 대해서도 의문이지만 현재 제품이 명확한 핵심 가치(Core Value)를 전달하지 못하는 단계에서 커뮤니티를 개발하는 것은 아직 시기상조라고 생각합니다. 그리고 커뮤니티가 우리 제품에서 제공하는 핵심 가치(Core Value)와 어떠한 관계가 있을지에도 더 상세한 고민이 필요해 보이네요."

사실 커뮤니티라는 제품 자체를 개발하는 것은 그리 어렵지 않다. 글을 쓰고, 쓰인 글을 보여주고, 댓글을 달 수 있는 기능 정도만 있으면 구색을 갖춘 커뮤니티는 뚝딱 만들어낼 수 있다.

물론 회원의 등급이나 공지 사항, 조회 수, 부정 사용자 방지 등과 같은 세부적인 정책을 세우거나 개발하는 것이 어려울 수 있지만 본질적인 글쓰기 기능만 놓고 보면 매우 어렵지 않게 개발이 가능하다. 이후에 다루게 될 우선순위 판단 기준인 ICE(우선순위를 판단(Prioritization)하기 위한 정량적인 프레임워크)를 기준으로 논한다면 제품을 만드는 것에 대한 Ease(개발의 쉬움 정도)는 굉장히 높다. 하지만 Impact(제품이 시장과 회사, 사용자에게 미칠 영향), Confidence(성공에 대한 확신)는 제로에 가깝다. 즉, 개발은 쉽지만 어떠한 가치를 사용자에게 제대로 전달하고 성공하기는 매우 어려운 제품의 유형에 해당한다는 뜻이다.

2-8

제품의 라이프 사이클이 고작 2주라고요?

산후조리원에 입실한 산모들을 대상으로 모바일 앱 서비스를 제공하는 제품을 개발하는 조직에서 제품 기획 관련 일을 할 때의 사례를 잠깐 이야기해 보고자 한다.

가족이나 지인의 출산 경험이 있는 사람들은 잘 이해하겠지만 출산 후 산모는 산후조리원이라는 곳에서 2주 동안 케어를 받으며 출산 기간 동안 지친 몸과 마음을 추스르는 시간을 갖는다. 그리고 그 2주라는 입실 기간 동안 산모들은 아이와 24시간 함께 머무는 것이 아니라 대부분의 시간은 아이들과 떨어져서 지낸다. 출산 기간 동안 지친 산모의 케어에 집중하기 때문이다. 그리고 산후조리원은 가족의 출입이 어렵다. 특히 코로나19로 인해 사회적 거리두기가 극심했던 기간에는 남편의 출입조차도 쉽지 않았다고 한다.

하지만 이제 세상에 처음 눈을 뜬 아이의 모습을 주변 지인들 역시 보고 싶어 할 것이다. 이러한 접근성의 문제를 해결하기 위해 아이들의 모습을 웹캠으로 가족들에게 전송하는 비즈니스를 제공하는 WebRTC(웹 브라우저 간에 플러그인의 도움 없이 서로 통신할 수 있도록 설계된 API) 제품을 기획하고 개발했다.

이 비즈니스의 문제는 사용자들이 제품을 사용하는 기간이 산모와 아이가 산후조리원에 입실한 2주가 전부라는 점이다. 산후조리원에서 산모가 퇴실하는 순간부터 더 이상 해당 제품을 사용할 이유가 없어진다. 따라서 이 제품의 라이프 사이클은 고작 2주다.

회사의 CEO는 이러한 문제를 어떻게 해결할지에 대해 고민이 많았고, 필자를 비롯해 팀 구성원은 이 문제를 해결하라는 미션을 받았다. 그리고 팀에서 문제를 해결하기 위해 가장 먼저 시도한 것은 제품을 사용해 보았던 사용자를 대상으로 인터뷰를 진행하는 것이었다. 제품 사용 경험과 출산의 경험이 있는 총 다섯 명의 사용자를 대면과 전화 인터뷰를 통해 만나보았다. 그리고 인터뷰 결과를 공유했다.

"산후조리원에 입실한 산모들이 산후조리원에 있는 2주의 기간만 우리 제품을 사용하고, 그 이후에 계속해서 사용하지 않는 문제를 개선하는 프로젝트를 진행하기 앞서 기존 제품의 문제를 파악해 보고자 다섯 분 정도의 사용자를 대상으로 인터뷰를 해봤습니다. 인터뷰를 해보니 우리의 타깃 사용자인 산모분들은 아이의 성장에 대해 기록하고, 그 기록된 내용을 다른 아이들과 비교해 보고 싶어 합니다."

"그리고 산후조리원에 있는 산모들이 이러한 자녀의 성장 기록을 입실한 동안 입력하도록 하여 습관이 되도록 함과 동시에 같은 시기 출산의 경험이 있으면서 같은 산후조리원에 입실한 다른 산모들과 연결해서 온라인 동기 방을 만들어주면 좋을 것 같습니다. 그러면 자연스럽게 기록 결과를 공유하고, 비교하기 쉬우면서도 산후조리원 퇴실 후에도 동기들과의 기록 비교를 통해 제품의 사용 주기도 지금보다는 더 길어질 수 있고 동기들과의 장기적인 커뮤니케이션이 이어질 것으로 보고 있습니다."

기록과 비교라는 두 가지 기능을 핵심으로 정하고 기존 제품을 개선하려는 인터뷰 내용을 토대로 향후 방향성에 대해 공유했다. 그리고 이를 중심으로 어떻게 제품을 개발해야 할지 이야기를 나누는 시간을 추가로 갖게 되었다.

"동기 방을 만들어준다는 것이 너무 좋은 것 같은데 우선 동기들끼리 대화를 나눌 수 있는 커뮤니티 형태로 제품을 먼저 만들어 보시죠." 인터뷰에 대해 논의한 결과는 엉뚱하게도 산모들끼리 대화를 나누는 커뮤니티부터 먼저 만들자는 방향으로 흘러갔다. 기록과 비교를 위한 다양한 수단 중 한 가지였던 커뮤니케이션이라는 것에 더 가치를 둔 것이다.

이에 대해 여러 차례 반대 의견을 냈다. 커뮤니티는 장기적으로 생각해야 할 비즈니스였으므로, 우선 기록을 통해 사용자의 습관을 형성하는 것이 제품의 장기적인 성장에 더 중요하다고 판단했기 때문이다. 제품의 주기를 하루하루 연장해 가고 최종적으로 기록의 습관을 기반으로 비교할 수 있는 공간을 만드는 것이 더욱 자연스러운 흐름이라고 판단했기 때문이다.

MVP(Minimum Viable Product, 제품의 가장 중요한 기능에 집중하여 개발하는 초기 모델)를 개발하는 데 있어 커뮤니티를 개발하는 것의 우선순위보다는 자녀의 성장일지를 기록하도록 만드는 것이 우선순위가 높다는 것을 오랜 시간 설득했음에도 불구하고 결국 단체 채팅 형태의 커뮤니티를 개발하자는 대표의 의견을 굽힐 수는 없었다. 이러한 의사결정에 따라 결국 커뮤니티 제품 개발이 진행되었다.

그리고 회사의 폐업으로 마무리되었다. 투자금을 반환하고 기업을 청산하는 과정에만 1년이 넘는 오랜 시간이 필요했다.

물론 우선순위가 높다고 판단했던 성장일지를 MVP로 출시했더라도 회사의 생존 여부는 불투명했을 것이다. 다만 생존 확률을 1%씩 높여가는 방법을 점진적으로 실행해 갔더라면 어땠을까? 위 사례를 보고 결과적으로는 커뮤니티를 만들어서 망한 게 아니라고 생각할 수 있다. 하지만 커뮤니티를 만들고 활성화하기 위해 투입된 자금과 시간을 다른 곳에 썼다면 더 나은 결과를 만들수 있지 않았을까. 그런데 도대체 왜 이렇게 많은 사람이 커뮤니티를 만들고 싶어할까?

2-9

성공한 커뮤니티들이 심어준 환상

커뮤니티의 매력을 잘 알고 이를 통해 성장하려는 기획 의도를 갖는 사람들은 본인도 커뮤니티 활동이 많거나 커뮤니티를 기반으로 성장한 제품들의 성공 신화와 같은 이야기를 많이 접해 보았기 때문일 것으로 생각한다. 그리고 잘 운영되는 커뮤니티가 곧 사업의 성공이라고 생각할 수 있다.

하지만 누군가 '커뮤니티를 개발해 보는 게 어때?'라고 나에게 100번을 질문하더라도 '커뮤니티는 아니다'라는 것이 되돌아가는 답변이다.

우리가 익히 잘 알고 있는 제품 중 성공한 커뮤니티를 구축한 제품들은 태생부터 커뮤니티로 시작한 제품들이다. 그리고 커뮤니티의 운영 기간이 최소 10년 정도 되는데, 대부분 이 사실을 잘 알지 못한다.

잘 운영되는 커뮤니티에 공동구매와 같은 쇼핑 기능이 하나씩 등장한 이커머스 케이스 중 대표적으로는 의류·잡화 온라인 커머스 M사가 있다.

여기서 '아! 이커머스의 성공은 커뮤니티가 뒷받침될 때 극대화되는구나'라고 다소 아쉬운 의사결정을 하는 사람들도 있을 것이다.

그렇다면 반대로 이커머스에 커뮤니티 기능을 추가하기만 하면 갑자기 판매량이 급증한다는 것일까? 아니면 반대로 커뮤니티를 먼저 만들고 쇼핑 기능을 제공하면 M사처럼 무조건 성장할 수 있는 것일까? 이러한 고민이나 생각은 앞서 이야기했던 '만보기 사례'와 같이 올바르지 않은 고민으로 끝날 가능성이 높다. 쇼핑몰에 커뮤니티 기능이 생겼다고 갑자기 사람들이 글을 쓰고 소통하지는 않는다. 더불어 커뮤니티 기능이 생겼다고 제품 판매량이 급증하지도 않는다. 제품이 가지고 있는 고유의 기능이 "쇼핑"이기 때문이다. 반대로 커뮤니티에 무조건 쇼핑 기능을 추가한다고 해도 성공 가능성이 높지 않을 것이다.

쇼핑몰에 커뮤니티 기능을 만들거나 커뮤니티에 쇼핑 기능을 추가하는 두 가지의 경우 모두 제품이 제공하는 본질적인 가치와 목적에서 벗어난 행위를 사용자에게 요구하게 되는 것이다. 이러한 요구를 사용자가 수용하려면 강력한 동기 유발 요인이 있어야 한다. 포인트를 지급하거나 혜택을 제공하는 것과 같이 말이다. 하지만 이러한 혜택을 기반으로 하는 동기 유발은 단기적인 유인책에 지나지 않을 가능성이 높다. 쇼핑 앱이라면 본질적으로 사용자가 구매하려는 상품의 품질을 높이거나 상품의 가격을 전략적으로 할인하거나 더 빠른 배송 경험을 제공하는 것이 더 우선순위가 높은 선택이지 않을까?

커뮤니티를 만들면 사람들이 더 자주 우리가 만든 제품에 재방문할 것이라는 생각은 하지 말아야 한다. 커뮤니티는 기본적으로 플랫폼 비즈니스와 같이 치킨게임으로 밸런스를 잘 갖추는 것이 중요한 제품이다.
커뮤니티의 기본 속성은 '글을 쓰는 사람'이 먼저다. 좋은 콘텐츠를 생산할 수 있는 누군가가 존재해야 한다는 것이다. 그리고 그 콘텐츠 생산자가 계속해서 우리 커뮤니티에 머무르게 하려면 상대적으로 많은 콘텐츠 소비자가 있어야 한다.
글을 쓰게 만드는 원동력은 포인트 지급이나 혜택이 아니라 조회 수와 '좋아요(작성된 글에 동의하거나 응원하는 등의 행위)'와 같이 열광하는 콘텐츠 소비자의 반응에 대한 기대이기 때문이다. 우리가 인스타그램이나 페이스북과 같은 소셜 미디어에 글을 올려두고 가장 먼저 확인하는 게 무엇인지 잘 생각해 보자. 대부분 사람들의 '반응'으로 직결되는 'Like(좋아요)' 수를 확인하는 것이 먼저다.

물론 작성된 글에 달리는 댓글도 빠질 수 없다. 우리들 대부분은 어떠한 형태로든 콘텐츠를 생산해 보았던 경험을 가지고 있다. 이러한 생산 경험에 긍정적인 반응이 누적되면 지속해서 콘텐츠를 생산하는 일을 하게 된다. 반대로 반응이 좋지 않으면 더 이상 콘텐츠 생산자로 참여하지 않는다는 사실도 잘 알고 있다. 콘텐츠를 만드는 생산자와 콘텐츠를 소비하는 소비자가 적절한 균형을 이루어야 커뮤니티는 성장할 수 있다.

한 축이 깨지기 시작하면 빠른 속도로 제품(커뮤니티)은 균형을 잃고 무너지게 된다. 무너지는 것은 제품만이 아니다. 제품을 만들기 위해 투입된 기간과 그 기간의 엄청난 인건비를 생각한다면 쉬운 선택이 아니라는 것을 바로 알 수 있다.

커뮤니티를 통해서 이루고자 하는 것이 정말 무엇인지, 이미 주제별로 잘 구축된 커뮤니티를 대상으로 어떻게 경쟁에서 승리할 것인지, 월간 사용자 수(MAU)가 2,000만에 가까운 D사 역시도 커뮤니티에 대한 고민이 많은데 이러한 제품 대비 우리가 얼마나 잘 해낼 수 있을지를 고민해야 한다.

"커뮤니티를 잘 만들면 사용자가 오래 체류할 것이다."

커뮤니티의 생태계에 대한 이해가 없고 준비도 되지 않은 팀에 이러한 가설은 위험한 방향으로 내딛는 발걸음이 될 가능성이 높다. 만약 조직 내에서 커뮤니티를 쉽게 언급하는 사람이 있다면 다시 한번 상기시켜 주자. 우리 제품의 본질이 무엇인지 그리고 그 목적에 부합하는 것에 집중하는 것과 커뮤니티를 만드는 것 두 가지 옵션 중에 무엇이 더 우선순위가 높은지 말이다.

지금까지 우리는 제품을 이해하는 것에 초점을 맞추어 이야기해 왔다. 제품의 유형에 따라 무엇을 해야 하고 무엇을 하지 말아야 하는지보다는 본질적으로 목적이 무엇인지 분명하게 이해해야 한다. 이러한 일을 수행하는 사람을 우리는 제품을 만드는 사람이라고 이야기한다. 그러면 제품을 만드는 사람은 어떠한 역할과 역량이 필요한지 다음 장에서 이야기해 보자.

03

제품을 만드는 사람

3-1

Product Manager

앞서 몇 가지 사례를 이야기하면서 제품 담당자라는 말을 자주 언급했다. 그렇다면 제품을 만드는 사람을 가리키는 PM(Product Manager)이란 무엇을 하는 사람인지 살펴보자.

PM이라는 용어는 업계에 따라 역할이 다양하지만, 일반적으로 크게 두 가지로 나뉜다. 첫 번째는 프로덕트 매니저(Product Manager)로, 제품의 전략적 방향성을 결정하고, 제품 개발의 전 과정을 총괄하는 핵심적인 직무를 말한다.

두 번째는 프로젝트 매니저(Project Manager)로 특정 프로젝트의 기획, 실행, 감독을 담당하여 프로젝트가 목표한 바가 성공적으로 완수되도록 하는 역할을 한다.

최근 스타트업에서 채용하는 PM은 주로 '프로덕트 매니저'를 가리키는 경우가 많다. 프로덕트 매니저는 IT 기술을 바탕으로 한 제품이나 서비스의 '주인'으로 간주할 수 있다. 이들은 제품의 아이디어부터 시작하여, 시장 조사, 개발 방향 설정, 기능 정의, 프로토타입 제작, 테스트, 최종 제품 출시에 이르기까지 제품 개발과 관련된 모든 과정을 관리하며, 제품이 시장에서 성공할 수 있도록 전략을 수립한다.

이러한 프로덕트 매니저가 관리하는 제품은 주로 소프트웨어 기반의 IT 제품이다. 이는 모바일 애플리케이션, 웹사이트, SaaS(Software as a Service) 제품 등 다양한 형태를 지닐 수 있으며 사용자의 요구사항을 반영하여 설계되고 개발

된다.

프로덕트 매니저는 사용자 경험(UX) 설계, 사용자 인터페이스(UI) 개발, 기술적 구현, 마케팅 전략 수립 등 제품과 관련된 다방면의 작업을 총괄한다.

또한, 프로덕트 매니저는 회사 내외부의 다양한 이해관계자와 긴밀하게 협력해야 한다. 이는 개발팀, 디자인팀, 마케팅팀, 영업팀 등 내부 팀은 물론 고객, 파트너, 외부 전문가 등 외부 이해관계자와의 소통을 포함한다. 이들은 제품 개발 과정에서 발생할 수 있는 여러 가지 이슈를 해결하고 제품이 시장의 요구와 회사의 전략적 목표에 부합하도록 노력한다. 이들의 주요 목표는 시장의 필요와 사용자의 기대를 만족시키는 제품을 성공적으로 개발하고 출시하는 것이다. 이를 위해 프로덕트 매니저는 시장 동향을 면밀히 분석하고, 사용자 조사를 통해 타깃 사용자의 Pain Point(고통 포인트)와 Gain Point(이득 포인트)를 정확히 파악하여 이를 기반으로 한 제품 기획과 개선 작업을 지속적으로 진행한다.

결론적으로, 프로덕트 매니저는 IT 기반 제품의 개발부터 출시까지 전체 과정을 총괄하는 중요한 역할을 담당한다. 이들은 제품의 성공을 위해 다양한 전략을 수립하고 관련 부서 및 이해관계자들과 긴밀히 협력하며, 시장 동향을 파악하여 제품을 지속적으로 개선해 나간다.

프로젝트 매니저는 프로덕트 매니저와는 다소 다른 관점에서 업무를 진행한다. 프로젝트 매니저의 핵심 업무는 특정 목표를 달성하기 위한 프로젝트의 기획, 실행, 모니터링, 종료 등의 전 과정을 관리하는 것이다.

이들은 시간, 예산, 자원 등 프로젝트의 제약 조건 내에서 목표를 성공적으로 달성할 수 있도록 계획을 수립하고, 프로젝트팀의 업무를 조정한다. 프로젝트 매니저는 제품 개발뿐만 아니라 이벤트 기획, 시스템 구축, 변화 관리 등 다양한 분야에서 프로젝트를 이끌 수 있으며, 이들의 최종 목표는 프로젝트가 정해진 기한 내에 목표한 결과물을 성공적으로 완성하는 것이다.

프로덕트 매니저와 프로젝트 매니저의 역할은 상호 보완적인 측면이 있음에도 불구하고 그들이 집중하는 핵심 지점에는 분명한 차이가 존재한다. 프로덕트 매니저는 제품 자체와 사용자 경험에 중점을 두고 제품이 시장에서 장기적으로 성공할 수 있도록 전략을 수립하고 실행한다. 그들은 제품의 비전과 방향성을 설정하고 제품이 지속해서 발전할 수 있도록 이끌어간다.
반면, 프로젝트 매니저는 프로젝트의 효율적인 수행을 위해 주어진 자원을 최적화하고 목표 달성을 위한 단기적인 계획과 실행에 초점을 맞추어 업무를 진행한다.

결론적으로 프로덕트 매니저와 프로젝트 매니저는 각각 제품의 성공과 프로젝트의 성공을 담당하는 중요한 역할을 수행하며, 이들의 업무는 조직 내에서 서로 보완적인 관계를 형성해 간다. 프로덕트 매니저는 사용자의 필요와 시장의 요구를 충족시키는 뛰어난 제품을 만들기 위해 노력하는 반면, 프로젝트 매니저는 제한된 자원과 시간 내에 구체적인 목표를 달성하기 위해 팀을 조직하고 이끌어간다고 보는 것이 좋겠다.

채용 사이트에서 PM을 채용하는 공고를 손쉽게 많이 접해 볼 수 있는데 일부 회사에서는 두 가지 업무를 혼합하여 채용 공고가 올라오곤 한다. Product Manager와 Project Manager의 역할이 혼합된 채용 공고의 예시를 살펴보면 다음과 같다.

- 프로덕트 기획부터 출시까지 전반적인 프로세스에 참여
- 사업 전략에 따른 우선순위 도출 및 구체화를 통한 서비스 개선
- ○○의 신규 헬스케어 관련 서비스 및 개선 아이템의 프론트/백엔드/어드민 기획 및 정책 설계
- 프로덕트 이용 고객의 경험을 설계
- 의도한 서비스가 출시되도록 프로세스 및 품질 관리
- 다양한 이해관계자의 이슈/니즈를 파악하고 해결

- 회사 비전 및 목표에 부합하도록 프로덕트의 전략적 방향성 제시
- 프로젝트 관리 및 출시

개인적으로 프로덕트 매니저(Product Manager)와 프로젝트 매니저(Project Manager)의 역할은 명확하게 구분되어야 한다고 생각한다. 혼용하여 사용하는 채용 공고를 내는 회사는 PM의 역할에 대해 정확하게 이해하지 못하거나, 두 가지 모두를 원하는 회사일 가능성이 높다. 이런 경우에는 회사를 선택할 때 주의를 기울이고, 인터뷰 시에 채용 담당자에게 역할에 대한 명확한 설명을 요구하는 것이 좋다.

게임업계에서 PM을 뽑는다면, 주로 Project Manager의 역할을 기대하는 경우가 많다. 여러 가지 게임이 동시에 개발되고, 각 제품별 개발 일정부터 QA(제품의 품질보증) 및 출시 일정을 관리해야 하기 때문이다. 이런 업계에서는 병렬로 진행되는 프로젝트의 병목을 해결하고, 비즈니스적 판단을 기반으로 하는 우선순위를 정하며 이해관계자들과의 업무를 조율하는 역할이 중요하다.

3-2

회사가 PM에게 기대하는 역할은 무엇일까?

프로덕트 매니저(PM)의 역할에 대한 인식은 오랜 시간 동안 많은 변화를 거쳐
왔다. 과거에는 PM을 단순히 서비스나 제품을 기획하는 사람 즉, 기획자의
역할로만 인식하는 경향이 있었다. 하지만 이제는 PM의 역할을 더 넓고 깊게
이해할 필요가 있다.

실제로 PM은 제품의 기획뿐만 아니라 제품이 해결해야 할 문제를 정의하고,
이를 해결하기 위한 전략을 수립하는 데까지 책임을 지는 포괄적인 역할을
수행한다. 일각에서 PM을 '문제 해결사(Problem Solver)'라고 부르기도 하는 이
유가 여기에 있는 것이다.

이는 PM이 단순히 기획에만 그치지 않고, 사용자의 요구와 문제점을 파악하여
이를 해결할 수 있는 실질적인 방안을 모색하고 실행에 옮기는 역할을 한다는
것을 강조하는 말과 같다. 이처럼 조직에서 핵심적인 역할을 수행하는 PM의
일을 몇 가지 핵심적인 활동으로 요약해 본다면 다음과 같이 정리할 수 있다.

> 1. 사용자의 문제와 요구사항을 파악하고 이를 명확하게 정의하는 것.
>
> 2. 정의된 문제를 해결할 수 있는 방안을 제품이라는 형태로 구체화하는 것.
>
> 3. 비즈니스 목표와 사용자의 요구를 일치시키며, 이들 사이의 우선순위를 적절
>   히 설정하는 것.
>
> 4. 제품을 구체화하는 과정에서 디자이너, 개발팀 등 다른 구성원들과의 원활한
>   커뮤니케이션을 통해 일정과 진행 상황을 관리하는 것.

5. 제품이 시장에 출시되기까지의 전 과정을 체계적으로 모니터링하며 필요한 것을 파악하고 우선순위를 조율하는 것.

6. 제품 출시 후 성과를 분석하고, 이를 바탕으로 지속적인 개선을 도모하는 것.

이러한 과정을 살펴보면 제품 담당자 역할이 단순히 기획에만 국한되지 않고, 제품의 성공을 위한 전략적 사고와 실행 능력이 요구됨을 알 수 있다. 결론적으로 PM의 역할은 시대가 변함에 따라 더욱 포괄적이고 복잡해지고 있으며, 단순한 기획자를 넘어서는 다방면의 역량을 요구하고 있다고 보아야 한다.

3-3

PM이 갖추어야 할 역량은

최근에 다양한 직업훈련 프로그램을 보면 서비스 기획자를 비롯해 프로덕트 매니저(PM) 양성을 위한 교육이 많은 것을 알 수 있다. 이러한 교육 프로그램뿐만 아니라 다양한 서적이나 웹에서 프로덕트 매니저(PM)가 반드시 갖추어야 할 역량에 대해 검색한 결과를 보면 공통적으로 언급하는 것들이 있다.

예를 들어 일정을 효과적으로 관리하는 능력, 복잡한 문제를 해결하는 능력, 개발 관련 풍부한 지식 그리고 사용자 경험(UX)에 대한 깊은 이해가 필요하다는 것이다. 이 모든 것들이 분명히 중요하지만 그보다 더 중요한 능력이 따로 존재한다.

만약 누군가가 제품 관리자를 꿈꾸는 사람이나 현재 제품 관리자로 일하고 있는 사람들이 갖추어야 할 핵심적인 역량이 무엇인지 묻는다면 나는 항상 '커뮤니케이션'이라고 답할 것이다. 왜냐하면 프로덕트 관리자의 업무는 다양한 이해관계자들과의 지속적이고 효율적인 소통을 통해 프로젝트의 목표를 달성하는 데 있기 때문이다. 따라서 뛰어난 커뮤니케이션 능력은 프로덕트 관리자가 반드시 갖추어야 할 핵심 역량 중 하나라고 할 수 있다.

그렇다면 이렇게 중요하게 강조되는 '커뮤니케이션'이라는 개념은 정확히 무엇을 의미하는 것일까?

단순히 말을 잘하는 것? 지식이 풍부한 것? MBTI가 'I(내향형)'보다는 'E(외향형)'에 해당하는 것?

전혀 그렇지 않다. 커뮤니케이션이라는 것은 사전만 보더라도 '인간이 서로 의사, 감정, 사고를 전달하는 일로 언어, 문자 그 밖의 시각, 청각에 호소하는 몸짓, 표정, 소리 등의 수단으로 행함.'이라고 되어 있다. 즉, 의사전달을 위해 언어와 문자를 비롯해 시청각 등의 수단을 사용하는 것이다.

우리는 생활 속에서 매일 수없이 다양한 형태의 커뮤니케이션을 진행하고 있다. 이런 커뮤니케이션은 사람들과의 관계를 유지하고, 정보를 교환하며, 문제를 해결하는 데 필수적인 역할을 한다. 그런데 종종 우리는 커뮤니케이션의 어려움에 직면하게 된다. 그리하여, 우리는 자연스럽게 '어떻게 하면 커뮤니케이션을 더 잘할 수 있을까?'라는 생각에 이르게 된다. 특히, 프로덕트 매니저로 일하거나 유사한 역할을 수행하고 있는 사람들에게는 이러한 고민이 더욱 가중되곤 한다.

- 왜 상대방은 내 말을 들어주려고 하지 않을까?
- 왜 내가 제안하는 일에 대해 항상 반대 의견을 제시하는 것일까?

위와 같은 질문들로 인해 스트레스를 받는 프로덕트 매니저들이 상당히 많다. 만약 이러한 고민을 하고 있다면 우선 고민의 원인을 커뮤니케이션 과정에서 발견하려고 노력하고 가능한 해결책을 찾아보려는 시도가 중요하다.
업무 상황에서 위와 같은 문제를 겪는 사람이라고 하더라도 대체로 개인적인 관계, 즉 교우 관계나 가족, 연인과의 관계에서는 큰 문제가 없는 사람들일 것이라 생각한다. 대부분 직면한 문제 상황을 잘 처리하며 일상생활에서는 큰 문제 없이 지내고 있다. 하지만 '일'에서의 상황은 조금 다르다. 그중에서도 특히 프로덕트 매니저로서의 커뮤니케이션은 무언가 다르고 어렵다고 느껴진다.

만약 해당 직무를 수행하면서 커뮤니케이션 과정에서 위와 같은 문제를 겪고 있다면 이에 대한 깊은 생각을 해보는 것이 필요하다. 그리고 이러한 생각을 통해 다음과 같은 질문에 대한 답을 찾아보았으면 한다.

"나는 상대방의 의견을 듣고 있으며 그들의 이야기를 정말로 이해하려고 노력하고 있는가?"

이는 상대방의 의견을 충분히 경청하고 이해하려는 노력이 필요함을 말해주는 것이다. 즉, 자신의 생각과 감정을 잠시 비우고 상대방의 이야기에 집중하려는 노력이 필요하다는 말이다. 커뮤니케이션이 잘되지 않는 대표적인 사례는 본인의 생각만을 상대방에게 주입하기 위한 행동에서 비롯되는 경우다.
보통 프로덕트 매니저(PM)는 비즈니스 목표를 달성하거나 사용자의 요구를 해결하기 위한 제품이나 서비스를 기획하는 역할을 담당한다. 그들은 기획한 내용을 팀과 공유하고, 이를 실행에 옮기도록 지원한다. 이런 역할 특성상 간혹 구성원의 입장에서 프로덕트 매니저(PM)가 일방향적으로 정보를 전달하고 일을 지시하는 것처럼 보일 수 있다. 프로덕트 매니저(PM)가 자신의 의사를 전달해야 하는 상황에서 상대방이 프로덕트 매니저가 제시한 의견을 따라야 하는 이유에 대해 의문을 가지는 것 역시 자연스러운 현상이다. 서로 나누는 이야기에 대해 고민해 왔던 시간이 다르고 각자가 생각할 수 있는 범주가 제한적이기 때문이다.

그래서 프로덕트 매니저의 중요한 업무 중 하나는 커뮤니케이션을 기반으로 하는 '설득'과 '수렴'이다. 이것은 단순히 자신의 의견을 전달하는 것 이상의 의미를 갖는다. 설득력 있는 의사소통은 이해와 합의를 도출하는 데 큰 역할을 한다. 그리고 상대가 제안한 내용에 대해 수렴할 수 있는 자세 또한 필요하다.

우리가 흔히 '꼰대'라고 부르는 사람들이 있다. 조직의 형태와 무관하게 '꼰대'라고 불리는 유형에 가까운 커뮤니케이션 방식을 선호하는 사람들이 등장하곤 한다. '일을 해야 하는데 왜 설득에 더 많은 시간을 허비하느냐'라고 생각하기 때문이다. 물론 이러한 의견도 어느 정도 맞다. 하지만 반대의 입장에서 생각해 보자. 내가 하고 싶지 않은 일을 누군가 지시했을 때 진심으로 그 일을 생산성 있게 수행할 수 있는지 말이다.

프로덕트 매니저로서 커뮤니케이션 능력에 문제가 있다는 지적을 받는다면 "내가 상대에게 한 말이 정말로 설득력 있는 말이었는가?"라는 질문을 스스로에게 던져보는 것부터 시작해 보면 좋겠다.

상대방을 지칭하며 "왜, 저 사람은 이렇게 생각하지?"라고 묻는 것이 아니라, "나는 어떻게 더 효과적으로 이해와 합의를 끌어낼 수 있을까?"라는 질문을 던져야 한다. 이렇게 자기 행동을 되돌아보고 개선하는 것이 프로덕트 매니저(PM)의 역할을 더욱 효과적으로 수행하는 데 도움이 된다.

3-4

커뮤니케이션만의 문제는 아니다

프로덕트 매니저(PM)들 중 많은 사람들이 구성원과의 커뮤니케이션에 대한 어려움을 이야기하곤 한다. 하지만 이러한 어려움을 토로하는 이들 중 상당수는 상대방을 설득하는 커뮤니케이션 자체의 문제보다 상대방을 설득할 만큼 충분히 일을 준비하지 못했기 때문에 이런 문제가 발생하는 경우가 많다. 결국 화술의 문제가 아니라, 상대방을 설득할 만큼 제대로 일을 준비하지 못한 것이 주된 원인일 가능성에 대해서도 생각해 봐야 하는 것이다.

본인 스스로를 납득시키지 못하는 일이라면 그 일을 상대방이 신속하고 효율적으로 진행하도록 끌어낼 수 있을까? 아마 상대방은 말로 표현하지 않더라도 온몸으로 거부 반응을 보이고 있을 것이다. 따라서 자신도 납득하지 못하는 일에 대해 상대가 의문을 가지는 것은 당연한 반응이라는 것을 이해해야 한다.

어린 시절 오락실에 다녀본 경험이 있다면 게임을 하기 위해서는 게임 기계에 동전 한 개를 넣어야 한다는 것을 알고 있을 것이다. 동전을 넣고 게임을 진행하면서 게임 상대를 물리치지 못하거나 게임상의 목표를 달성하지 못하면, 그 게임 기계는 우리로부터 1Credit을 빼앗아 간다. 이것은 우리가 게임을 즐기기 위해 지불해야 하는 비용이다.

커뮤니케이션의 원칙은 이와 비슷하게 동작한다. 우리가 상대방과의 대화에서 지속해서 신뢰성을 쌓지 못한 상태라고 가정해 보자. 상대와의 관계에서 신뢰가 부족한 상태는 어떠한 설득도 어렵게 만든다. 만약 상대와의 대화에서 설득에 실패하거나 실수하게 되는 경우 우리는 보이지 않는 'Credit'을 하나 잃게 된다. 평소에 'Credit'이 많이 쌓여 있다면, 한두 번의 실패를 감수하면서도 그다음의 대화를 이어갈 수 있다. 그러나 이와 반대의 상황 즉, 'Credit'이 부족한 상태에서는 상당히 난감한 상황이 발생하게 될 것이다.

단순히 '신뢰'라고 표현했지만, 이 '신뢰'는 제품의 주인이라고 불리는 PM이나 PO에게는 매우 중요한 것 중 한 가지이다. 우리가 앞으로 일하게 될 곳은 대부분 구성원을 잘 설득하여 목표를 달성해야 하는 곳이며, 일의 진행 속도가 숨 막히도록 빠른 호흡을 갖는 개발 조직일 가능성이 높다.

따라서 구성원들이 하루하루 그리고 그로 인해 쌓이게 되는 일주일, 한 달, 일년을 허비하지 않도록 만드는 것 역시 PM이 해야 할 중요한 일 중 하나다. 이는 그들의 시간을 비롯해 본인의 시간을 최대한 효과적으로 활용하고, 그들이 더욱 많은 성과를 이루도록 돕는 것을 의미한다. 그런데 이러한 제품 담당자가 일의 준비를 소홀하게 한다는 것은 게으르다는 것 말고는 달리 설명할 방법이 없다고 봐야 한다.

2015년에 마이클 패스벤더가 주연한 '스티브 잡스'라는 영화에는 이런 장면이 있다. 스티브 워즈니악이 스티브 잡스에게 이렇게 말한다.

> **스티브 워즈니악**: What do you do? You're not an engineer, You're not a designer, you can't put a hammer to a nail. (중략) What do you do?(너는 하는 일이 뭐야? 너는 엔지니어도 아니고, 디자이너도 아니야. 너는 망치로 못을 박는 것도 할 줄 몰라, 네가 하는 일이 뭐야?)

> **스티브 잡스**: Musicians play their instruments. I play the orchestra. (연주자는 그들의 악기를 연주하지. 나는 오케스트라를 지휘해.)

스티브 잡스라는 인물은 여러 가지로 평가되고 있다. 하지만 그는 스스로를 오케스트라의 지휘자로 생각한다고 말했다. 이 장면을 본 사람들은 '너무 거만한 자세다'라고 느낄 수 있겠지만 제품을 개발하는 일을 오래 해오면서 느낀 점은 작은 조직이라도 프로덕트 매니저(PM) 역시 이러한 지휘자의 역할을 하는 것과 같다는 것이다.

오케스트라의 지휘자가 지휘를 제대로 하지 못한다면 아무리 뛰어난 연주자가 있더라도 그 음악을 망치게 될 것이다. 훌륭한 연주자도 지휘자를 바라보며 지휘자의 손짓에 맞추어 한 음 한 음을 만들어 내고 그 음들의 조화가 하나의 훌륭한 음악으로 탄생하기 때문이다. 우리와 함께 일하는 동료 개발자와 디자이너들은 매우 훌륭한 전문가들로 이루어져 있다. 팀원들과 함께 작업하면서 PM으로서 중요한 것은 이렇게 훌륭한 사람들과 더 나은 결과를 만들어내는 것이며, 결과는 사용자에게 생긴 문제를 명확하게 정의하고 그것을 해결하는 것이다.

그러니 제품을 담당하는 사람은 본인에게 주어진 일을 최선을 다해 준비하고 적절한 커뮤니케이션 방법을 통해 상대에게 의견을 전달하고 수렴할 수 있는 자세를 비롯해 상대방이 생각하지 못한 부분까지도 깊이 고민하고 준비하는 과정이 필요하다.

3-5

Product Owner

스타트업이 증가하면서 PO라는 포지션을 운영하는 기업들이 많아졌고, 이제는 주변에서 PO라는 직무를 가진 사람들을 쉽게 만나볼 수 있게 되었다.

2011년 IT 업계에 첫발을 내딛었던 시절에는 PO라는 직무가 거의 존재하지 않았다. 이제는 여러 서적과 웹에서 PO에 대한 정보를 쉽게 찾을 수 있지만, 여전히 PO가 명확하게 무엇을 하는 사람인지 정리되지 않은 것 같다. 사실 PO라는 직무가 낯설었던 시기에는 PO가 무엇을 하는 사람인지 만나는 사람마다 설명하기를 반복했던 경우도 있었다.

어떤 때에는 그냥 PM이라고 표현하는 것이 상대방에게 더 빠른 이해를 돕기도 했다. 그러나 여전히 혼란해 하거나 그 의미를 명확히 모르는 경우도 많다. 특히 회사별로 PO가 하는 일의 범위가 다르고 그런 역할을 하는 사람들을 부르는 명칭도 PO, PM, 기획자로 모두 다르기 때문일지도 모르겠다. 한참 설명하고 나면 '아, 기획 쪽 일이구나?'라고 답이 돌아오는 경우도 있었다.

PO는 Product Owner, 말 그대로 제품의 주인이며 Mini CEO라고 불린다. 제품에 대해 더 깊이 있게 다루는 섹션에서 이야기하겠지만 제품을 어떻게 정의하느냐에 따라 회사별로 맡는 역할이 다를 수 있다.

예를 들어 앱 전체를 하나의 제품으로 보는 경우도 있지만 앱 제품 내 검색 - 결제 - 백오피스 등 기능 단위 도메인을 각각의 제품으로 구분하고 결제 PO, 검색 PO를 별도로 두기도 한다.

PO에 대해 명확하게 어떠한 일을 하는 사람이냐는 물음에 PM과 같다고 이야기하기도 하면서 나는 항상 이렇게 답을 한다.

"PO는 0에서 1을 만드는 Zero to One 하는 사람이라고 생각한다."라고 말이다.

그래서 Mini CEO라고 부르는 것인지도 모르겠다. 보통의 회사는 창업자와 소수의 인원으로 작게 시작한다. 그리고 조직이 커져감에 따라 각 도메인별 전문가를 영입하여 회사의 규모를 키워간다. 이때의 CEO 역할이 PO의 역할과 같다.

최근 IT 회사의 트렌드를 살펴보면 PM과 PO가 함께 존재하는 경우나 PO 없이 PM이 모든 역할을 담당하는 형태로 나뉜다. 제품이 이제 막 세상에 나타나게 되는 시기를 '태동기'라고 부른다면 이때는 PO를 중심으로 Maker(디자이너, 개발자 등)가 함께 제품을 빠르게 개발하여 세상에 내놓는다.

그리고 제품이 PMF(Product Market Fit)를 찾는 단계에 이르면 프로덕트 매니저(PM)는 1에서 100을 만드는 역할을 한다. 즉, 안정적으로 궤도에 오른 제품을 보다 고도화하기 위해 풀어야 할 문제를 정의하고 개선 방향을 제시하며 실행하는 역할이다.

실행하는 사람과 방향을 제시하는 사람, 이것이 PM과 PO의 차이일 것이다. 그래서 0에서 1을 만들고 1에서 100을 만드는 모든 사람을 나는 '초격차를 만드는 사람들'이라고 부른다.

04

격차를 만드는 시작

4-1

무엇보다 실행이 중요하다

"스티브, 저는 지금보다 더 주도적으로 일해 보고 싶어요. 새로운 주제로 프로덕트를 만들고 조금 더 사용자가 우리 앱을 자주 사용하고 싶도록 만들어 보고 싶어요. (중략) 그래서 스쿼드(군대의 조직 단위 중 하나로 작은 규모의 스타트업 목적 조직을 지칭하는 말로도 사용된다.)를 하나 더 만들 수 있을 만큼의 과제일 것 같아서 이 부분에 대해 준비할 수 있는 시간을 마련해 주시면 좋겠어요."

한 PM이 PO로 역할을 확장해 보고 싶어 해서 그에게 충분한 시간을 갖고 리서치하며 준비해 보되 가급적 현재 진행 중인 프로젝트의 출시 일정에 소홀하지 않도록 조언했다. 해당 PM 역시 맡고 있는 업무가 많아 일의 우선순위도 함께 조율했다. 그러나 시간이 흘러도 준비 중인 내용에 대한 공유가 계속해서 이루어지지 않았다. 급한 일은 아니었지만, 사전에 충분한 논의가 이루어졌고 충분히 구성원들을 설득할 자신감이 있어 보였기에 신규 제품에 대해 공유 일정을 잡아달라고 요청했다.

개발 담당자부터 디자이너까지 의사결정에 참여할 수 있는 팀원들이 참석했다. 공유된 결과는 Figma로 그려온 한 페이지 정도의 화면이었다. Lo-fi(Lo-Fi는 일반적으로 녹음이나 공연의 불완전성으로 간주되는 요소를 의미하며 의도적으로 낮은 품질로 개발된 것을 의미한다.) 수준으로 구성된 내용을 보고 회의에 참여한 누구도 이 제품을 왜, 어떻게 만들 것인가에 대해 이해하지 못했다. 기간에 비해 준비가 부족했다는 느낌을 모두가 받았지만, 설명은 계속해서 이어졌고 그의 의견에 납득하는 사람은 누구도 없어 보였다.

나는 언제나 '실행'을 강조한다. 그 어느 것도 실행하지 않으면 결과를 알 수 없다. 몸을 움직여야만 결과를 볼 수 있다. 제품을 기획할 때 책상에 앉아서만은 일이 이루어지지 않는다. 그 과정에서 수많은 사람과의 대화가 필요할 수 있다. 단순히 웹 검색만을 통해서도 자료 수집이 가능한 분야도 물론 있다.

하지만 대부분의 일은 수많은 커뮤니케이션에서 더 좋은 아이디어가 도출되고 실행을 위한 구체적인 플랜이 완성된다. 하지만 위 사례에서의 PM은 새로운 것을 시도해 보려고 생각은 했으나 막상 일을 시작하려니 많은 것이 필요하고 심지어 추진하고자 하는 일이 어렵다는 것을 어느 순간 느끼게 되었을 것이다. 새로운 것을 추진하겠다는 마음이 들었을 때는 본인이 하는 일 자체에 대해 염증을 느끼고 있었고, 새로운 도전을 통해 본인의 업무 환경을 환기하고 싶었을 것이라고 되도록 긍정적으로 회고했다.

상호 간의 회고는 긍정적으로 마무리했으나 결과적으로는 새로운 프로젝트를 추진하는 것에 대해 지레 겁을 먹었거나 게으름 때문에 실행력 있게 업무를 추진해 보지 않았기 때문에 결과가 누구에게도 납득하기 어려운 수준에 머물렀다고 본다. 작게라도 실행해 봤더라면 분명 더 나은 결과물을 공유하고 실행 가능성에 대해 모두가 함께 의견을 나누었을 것이다.

앞서 언급했지만, PO는 Zero to One 하는 사람들이다. 그래서 작은 회사라도 창업자는 대단하다는 것이다. 우리가 생각하기에 하찮아 보이는 그 어떠한 일이라도 엄청난 실행력이 뒷받침되지 않으면 시작 자체를 할 수 없다.

PM, PO 모두에게 실행력은 중요한 역량 중 한 가지이다. 빠른 실행력은 누구도 넘어올 수 없도록 높은 진입장벽을 만들 수도 있다. 업계에서 가장 빠르게 제품을 내놓는 것만으로도 최초가 되기 때문이다. 마케팅 불변의 법칙을 생각하면 된다. 최초가 아니라면 대중의 인식 속 1등이 되도록 만들면 된다. 하지만 이 과정 모두 강력한 실행력이 뒷받침되지 않는다면 불가능하다.

그러기에 제품을 담당하는 사람은 게을러서는 안 된다. 강한 긍정의 마인드로 빠른 실행을 통해 다양한 경험과 데이터가 누적돼야 성공의 발판이 되는 것이라고 믿고 무조건 실행해야 한다. 성공과 실패는 결국 실행해 보지 않으면 겪을 수 없다.

4-2

엄격한 자기관리

PM(Product Manager)은 다양한 책임과 업무를 수행하는 동안 많은 도전과 압박을 받게 된다. 이러한 도전과 압박의 환경에서 적절한 업무 성과를 달성하기 위해 시간 관리는 PM에게 매우 중요하다. 제품의 라이프 사이클을 관리하고, 다양한 이해관계자들과 소통하며, 우선순위를 결정하는 등의 업무를 수행하는 동안 시간을 효율적으로 활용해야 하기 때문이다. 이를 위해 일정을 세우고, 중요한 작업에 집중하며, 시간을 관리하는 습관을 기를 필요가 있다.

시간 관리 이전에 스스로에 대한 자기관리가 선행되어야 한다. 자기관리 안에 시간에 대한 관리가 포함되기 때문이다. 자기관리는 보통 시간, 에너지, 감정, 목표 등을 효과적으로 관리하는 것을 말한다.
더 맑은 정신으로 올바른 의사결정을 하기 위해서 그리고 그 의사결정을 기반으로 많은 사람의 소중한 시간과 비용을 효율적으로 사용하기 위해서라도 PM, PO는 더 엄격한 자기관리가 필요하다.

그래서 여러 가지 방법 중 나는 운동을 추천한다. 매일 일정한 시간에 자기만의 방식으로 운동을 하는 것은 스트레스 해소에도 도움이 되고, 운동을 마치고 나왔을 때 느껴지는 미친 듯한 상쾌함과 자신감은 무엇이든 가능하게 만들 수 있을 것 같은 생각을 갖게 해준다.
운동뿐만 아니라 각자만의 방식대로 자기관리가 필요하다. 누군가에게 보여주기 위한 것이 아니라 불필요한 생각을 걷어내고 오롯이 일에 집중할 수 있는 환경을 나 스스로부터 만드는 것이다.

누구나 자신만의 스트레스 해소 방법이 있을 것이다. 부디 그 해소법이 결과적으로 본인의 건강과 멘탈을 해치는 일이 아니길 바란다.

4-3

스트레스 관리

스트레스 관리가 중요하다는 것은 어떤 일을 하는 사람에게든 마찬가지로 적용되는 말이다. 문제 해결이라는 과제에 몰두하기 때문에 복잡한 의사결정 과정과 준비 과정을 거치다 보면 스트레스가 쌓일 수밖에 없다. 애초에 스트레스가 많은 환경에서 일하기 때문에 적절한 휴식과 회복이 매우 중요하다. 충분한 휴식과 회복이 이루어지지 않는다면 번아웃이 찾아오게 되고 휴식을 통한 회복이 없음으로 인해 오히려 더 큰 손실이 발생하게 된다.

그만큼 스트레스로 인해 발생하는 감정에 대한 관리도 빼놓을 수 없다. 업무에서 발생하는 스트레스와 압박 속에서도 감정을 잘 조절하고 긍정적인 마인드를 유지하는 것이 중요하다. 우리는 사람과 일을 한다. 기계와 일하는 것이 아니기 때문에 상대의 의견을 비난으로 받아들이는 순간이 있다. 물론 의견을 비난처럼 이야기하거나 정말 맹목적으로 비난하는 사람도 있다. 여기에 똑같이 감정적인 피드백이 이루어진다면 우리는 상대방뿐만 아니라 구성원들에게도 한 번에 신뢰를 잃게 된다.

올바른 스트레스 관리는 목표 설정과 우선순위 결정에도 큰 영향을 미친다. PM은 다양한 업무와 요구사항 사이에서 우선순위를 정하고 시간을 효율적으로 분배해야 한다. 이를 위해 자기 계발에 투자하고, 스트레스를 관리하며 균형 잡힌 삶을 유지하는 것이 중요하다. 이는 업무에 대한 집중력과 창의성을 높여주며, 팀원들과의 협업을 원활하게 만든다.

PM은 팀원들에게 모범을 보여주고, 동기를 부여하는 역할을 수행하기도 한다. 이를 위해서는 자기 조절력과 자기 통제력을 갖추어야 하며 어려운 상황에서도 평정심을 유지하고 적절한 판단을 내릴 수 있어야 한다. 스트레스를 관리하는 것은 스스로의 지속 가능한 성장과 발전에도 필수적으로 작용한다.

4-4

특별히 성과를 내는 팀의 다른 점은 무엇인가?

자랑인 듯 본인의 과격함을 자주 이야기하는 한 PO가 어느 날 이렇게 말했다. "스티브도 아시겠지만 제 성격 같아서는 아마 화를 냈을지도 몰라요." 파트너 사와의 미팅 후에 결과를 공유하는 자리에서 했던 말이다. 아무래도 파트너사가 제안한 내용이 잘 준비되어 있지도 않았을뿐더러 무리한 요구가 다소 섞여 있었던 탓일 것이다. 이러한 과격한 성향을 그저 재미있는 퍼포먼스 정도로 즐기는 구성원도 있겠지만 대부분의 다른 구성원들은 그의 말과 행동에 거부감을 느끼고 있었다.

특히 자리에 앉아서 혼잣말로 화를 내고 씩씩거렸기 것 때문에 주변에 있는 동료들이 자리를 옮겨달라는 요청을 자주 하기까지 했다. 왜 화가 나 있는지에 대해 질문을 했지만, 돌아온 대답을 종합해 보면 별다른 이유 없이 화를 낸 것이었다.

오히려 스스로 화를 냈는지, 주변이 알 수 있을 만큼 표현했는지에 대해서 인지하지 못할 때도 있었다. 우리는 인간이기 때문에 감정을 가지고 그 감정을 있는 그대로 표현할 수 있어야 한다. 다만 일상에서나 업무적으로나 필요 이상의 감정은 스스로에게 독이 된다.

구글에서 아리스토텔레스 프로젝트라는 연구를 진행한 적이 있다. 이 연구는 구글에서 '특별히 성과를 내는 팀의 다른 점은 무엇인가?'라는 질문으로 시작했다.

특별한 성과를 내는 팀의 다른 점이 무엇일지도 궁금했지만 구글이라면 뭔가 독특한 업무 방식이나 기술에 대한 답변이 나오지 않을까 생각했다. 그런데 결과는 의외였다.

구글에 근무하는 수백 개의 팀을 대상으로 조사한 결과를 살펴보면 최고의 성과를 내는 팀의 비밀은 바로 '심리적 안정감이 높다'는 것이었다.

심리적 안정감을 이야기할 때 우리는 직업의 장기근속 가능 여부 즉, 오래 일할 수 있는 안정적인 직업인지를 이야기하는 경우가 있다. 하지만 위 조사에서의 심리적 안정감은 직업적 안정성이나 만족도를 말하는 것이 아니다. 그들이 말하는 심리적 안정감이란 '자신이 낸 아이디어에 대해 조직에서 비난받지 않을 것이라는 믿음'이었다고 한다.

이것은 신뢰성과 조직의 투명성을 비롯해 일을 대하는 의미에 대해 조직 구성원이 모두 이해하고 있으며 본인이 맡은 일이 사회와 회사에 미치는 영향에 대해 잘 이해하고 있다는 것이다.

제품 담당자가 감정 조절을 잘해야 하는 이유는 다양한 측면에서 중요하다. 제품 관리자는 프로젝트를 주도하고 여러 이해관계자와 소통해야 한다. 이를 위해서는 강력한 리더십과 더불어 안정된 감정이 필요하다. 프로젝트의 성패는 종종 제품 관리자의 리더십에 달려 있다고 보아도 무방하다. 따라서 제품 담당자의 의사결정은 가급적 감정적으로 안정된 상태에서 이뤄져야 한다. 팀원이 제시한 의견에 대해 무시나 비난이 아닌 수렴을 통해 믿음을 주는 것은 제품 담당자가 열린 마음으로 팀 구성원을 대할 때 비로소 동작하기 시작한다.

일을 진행하다 보면 종종 예기치 않은 문제에 직면할 수 있다. 이러한 상황에서도 감정을 잘 조절하는 것이 중요하다. 감정적으로 안정된 제품 담당자는 문제를 해결하는 데 집중할 수 있고 팀원들에게도 안정감을 줄 수 있다. 팀원들은 제품 담당자인 PO나 PM의 안정적인 감정 상태와 그로 인해 발생하는 다양한 긍정적인 효과를 기반으로 심리적 안정감을 느끼고 신뢰할 수 있기 때문에, 문제가 발생했을 때도 함께 해결해 나갈 수 있다.

그뿐만 아니라 아니라, PM이나 PO는 다양한 이해관계자들과의 소통을 조율해야 한다. 이를 위해서는 감정적으로 안정된 상태에서 의사를 전달하고 수용하는 능력이 필요하다. 감정 조절이 잘되면 이해관계자들과의 관계를 원만하게 유지할 수 있으며, 이는 프로젝트의 성공을 위한 필수적인 요소가 된다. 물론 이 과정에는 일의 방향이나 업무에 대한 어떠한 이슈도 없다는 전제를 두고 있다.

팀을 이끌고 있는 제품 관리자의 감정은 팀의 동료들에게도 영향을 미친다. 안정된 감정을 가진 제품 관리자는 팀원들에게 감정적으로 안전한 작업 환경을 제공하고, 동료들이 안정감을 느끼게 할 수 있다. 이는 팀원들은 PM이 감정적으로 안정되어 있다는 것을 보고 자신들도 안정감을 느낄 수 있으며, 팀의 협업과 성과에 긍정적인 영향을 미치기 때문이다.

물론 프로젝트 진행 중 팀원 간에 의견 차이나 갈등이 발생할 수 있다. 이때 제품 담당자는 갈등 상황을 조율하고 팀원들 간의 긍정적인 대화를 이끌어내야 한다. 우리는 인간이기에 감정에 따라 어느 한 편에 서서 그 집단이나 개인을 대변하게 되는 경우가 있다.

다만, 팀 내 균열이 발생했을 때에는 최대한 효과적인 방법으로 수습할 수 있도록 노력해야 한다. 이 과정에서 어느 한쪽의 손을 들어주는 것은 이후에 더 많은 문제를 야기할 수도 있다. 안정된 감정을 유지하고 객관적으로 본질을 파악하고 중재하는 능력을 발휘하여 팀원들 간의 갈등을 해결해야 한다.

또한 프로젝트가 진행되는 동안 예기치 못한 문제가 수없이 많이 발생할 수 있다. 시장 상황이 변화하거나 정부의 규제가 생기거나 팀원이 이탈하거나 제품에 장애가 생기는 경우 등 다양한 문제가 발생하게 된다. 이때 PM은 긴장하지 말고 감정을 잘 조절하여 문제를 해결할 방안을 찾아야 한다.

생각보다 많은 사람들이 문제가 발생할 때 쉽게 당황하고 더 나은 해결 방법을 찾는 데 어려움을 느낀다. 안정된 감정을 유지하면서 효과적인 대응 방법을 마련하여야 프로젝트의 지연이나 장애를 최소화할 수 있다. 경험상 이러한 심각한 상황에서는 해결이 불가능하다고 판단하고 해결을 포기하는 케이스가 더 많았던 것 같다.

그러나 조금 더 시간이 지나 다시 그 문제를 대면했을 때에는 해결 방법이 무궁무진했던 경험이 있다. 그러니 차분히 문제를 직면하고 다양한 해결 방법을 모색하기 위한 노력을 기울이는 것이 좋다.

4-5

PM, PO는 팀의 중심이다

"스티브, 스티브가 하는 말의 무게감을 생각해 주세요. 스티브가 하는 말 한마디가 팀에 상당히 많은 영향을 주게 됩니다."

평소 가깝게 지내던 엔지니어로부터 어느 날 받게 된 피드백이었다. 배경은 이랬다. 정책 변경 이슈로 제품에 중요한 의사결정이 필요하다는 메시지를 다소 가벼운 톤으로 전달하면서 생겼던 일이다. 평소 구성원과 원만하게 지내며 가벼운 농담을 주고받을 만큼 친한 사이였지만 그날은 다소 경직된 말투로 조언에 대한 답을 건네게 되었다. 제품의 방향이 크게 바뀌는 문제인 만큼 조금 더 깊이 있게 고민하고 공유했어야 했다.

하지만 그날은 그러지 못했다. 문제를 그저 팀에서 알아서 해결해 주기를 바랐던 것은 아닐까. 많은 고민이 필요한 문제를 무책임하게 던졌다.
대표가 있기에 최종적인 의사결정은 대표가 해야 한다고 생각했지만 스쿼드의 구성원은 PO를 바라보고 있다는 사실을 잊었던 것이다. 의사결정을 잘해서 정제된 내용을 공유했어야 했는데 그러지 못했다. 팀의 중심에 있다는 것을 잊고 있었던 것이다. 말 한마디가 어떠한 영향을 미칠지에 대해서도 생각하지 못했다. 정보를 전달할 때 팀의 중심에 있는 사람은 더욱 자신의 발언 하나하나를 조심해야 한다. 그리고 그 말이 진정 사용자를 위한 것인지 생각해 봐야 한다. 그리고 알아서 하겠지라는 마음은 갖지 말아야 한다.

4-6

알아서 하겠지 하는 팀은 곧 없어진다

허물어져 가는 조직에서는 대부분 이런 말을 많이 나눈다고 한다. '알아서 하겠지'라고. 나는 조직 내에서 이런 말이 돌아다니는 것을 극도로 경계한다. 그리고 나 자신도 이렇게 말하게 되는 순간이 있다면 그 즉시 경계하고 보다 적극적으로 문제를 해결할 방법은 없는지 살펴보려고 노력한다.

목적 조직의 경우 대부분 조직의 리더는 제품의 개발, 디자인, 기획, 품질 관리를 비롯해 운영과 영업을 포괄하기도 한다. 그래서 의사결정이 빠르고 방향이 명확하다. 반대로 기능 조직의 형태로 구성되어 있다면 부서 간의 협업이 중요하기 때문에 부서간의 커뮤니케이션이 빈번하게 발생하게 된다.

부서별로 이해관계가 다르기 때문에 어느 순간 서로의 커뮤니케이션이 스트레스가 될 때가 있다. 예를 들어 매출을 목표로 하는 조직은 매출을 높이기 위해 수반되는 비용의 폭을 함께 높여가야 하는 경우가 있다. 반대로 비용을 아끼는 운영 조직은 이러한 의사결정에 반대하게 된다. 세일즈나 운영 조직 간의 문제만이 아니다.

대부분의 IT 회사는 양면 또는 다면 시장에서 공급자와 수요자를 이어주는 플랫폼 비즈니스로부터 파생된다. 이 경우 제품을 담당하는 조직은 비즈니스의 성공을 위해 제품을 지속해서 고도화하는 과정을 마주하게 된다. 제품을 빠르게 클라이언트에게 공급해야 하는 세일즈 입장에서는 제품을 개발하는 조직에 인풋(기능 개발, 개선 등 요청사항에 대한 요구)이 있을 수 있고, 제품을 담당하는 조직은 우선순위를 논하게 된다. 이 과정에서 역시 마찰이 발생할 수 있다. 이러한 과정이 반복되다 보면 서로 대화가 줄어드는 부작용도 낳게 된다. 커뮤니케이션의 횟수가 줄어들게 되면 주요 의사결정을 제외한 나머지에 대해서는 서로가 신경 쓰는 것을 극도로 꺼리게 된다.

"스티브, 세일즈팀에 전달하실 내용이 있다면 저에게 직접 이야기해 주시고 다른 팀원들에게 개별적으로 인풋이 들어가지 않게 해주세요."

세일즈를 담당하는 리드에게 어느 날 아침 갑작스럽게 이렇게 요청이 왔다. 물론 왜냐고 반문했다.

"이런 요청을 드리는 것은 세일즈팀에 들어가는 보이스가 하나이기를 바라는 것이고, 그 보이스는 저를 통해서 가는 게 맞다고 생각해요."

어떻게 보면 맞는 말이다. 업무 지시를 하는 경우라면 말이다. 하지만 세일즈로부터 빠르게 피드백을 요구하는 상황이라면 이러한 업무 커뮤니케이션 방식은 굉장히 조직을 보수적으로 만들게 된다. 이 일을 계기로 한동안 세일즈팀과의 대화가 어려워졌다. 그리고 얼마 안 가 조직 내에 '그쪽에서 알아서 하겠지'라는 말이 떠돌아다녔다.

이러한 말이 떠돌기 시작한다면 제품을 담당하는 담당자는 어떻게 해야 할까? 꼭 제품 담당자가 아니더라도 이러한 문제는 해결해야 할 문제다. 정답은 정면 돌파밖에 없다. 부수적인 것을 걷어내고 진짜 목표를 달성하기 위해서 다소 정치적인 부분과 불필요한 절차를 걷어낼 수 있도록 조직을 변화시키는 것에 앞장서는 것이다.

정면 돌파라는 솔루션은 생각보다 어렵지 않다. 문제를 해결할 수 있는 상급자나 의사결정권자에게 해결을 바라며 이야기하는 것도, 모두가 있는 자리에서 선언을 해버리는 것도 아니다.

스스로 개선되고, 개방된 커뮤니케이션을 시작해 보는 것이다. 궁금한 것이 있다면 그대로 물어보는 것, 해결해야 할 문제가 있다면 해결을 요청하는 것이다. 별것 아닌 것 같지만 조직 간의 커뮤니케이션이 경직되어 있다면 이러한 작은 질문은 서서히 변화를 일으킬 것이다.

작은 것이지만 상대방이 기분 나쁠까 봐, 하지 말라고 해서, 또는 과도한 배려로 인해 말하지 않고 넘어가는 다양한 일들이 우리 주변에 많다. 과연 이것이 진정한 '배려'인지 생각해 볼 필요가 있다.

물론 이러한 커뮤니케이션 방식이 통하기 어려운 조직도 존재한다. 애초에 경직된 조직에서 이런 말을 내뱉는 것은 쉽지 않다. 말 그대로 '찍힘'을 당하기 쉽기 때문이다. 허공에 떠드는 꼴이 되어버리니 결국 조직을 떠나거나 순응하는 상태에 빠지게 된다. 만약 혁신을 만드는 스타트업에서 이러한 경직된 커뮤니케이션 상태나 문화가 지속된다면 그 즉시 조직을 떠날 것을 추천한다. 우리가 가진 에너지는 한정적이기 때문에 그 에너지를 더 생산적이고 좋은 곳에 사용하는 편이 낫기 때문이다.

4-7

끼어드는 정치

"제가 공유해 드리는 모든 내용은 누군가에게 오픈되어도 아무런 이슈가 없는 사항입니다. 다만 이 정보를 가지고 누군가와 거래를 하거나 정치적인 목적으로 활용하지 않기를 바랍니다."

어느 날 조직 개편과 관련하여 곧 있을 발표를 앞두고 다소 민감한 사항들이 조직 내에 퍼지고 있었다. 스타트업은 기업의 특성상 잦은 변동이 있는 편이다. 그러다 보면 어떤 팀이 사라지고 누군가 그 팀을 흡수하게 되는 경우가 빈번하다. 그러다 보면 이러한 정보를 가지고 또는 이러한 결정권을 행사하는 과정에서 정치가 시작된다.

팀 내 갈등이 있을 때 잘 따르지 않는 누군가를 배제하고 다른 팀원을 포섭해서 자신의 목소리에 동조하도록 만드는 것들이 가장 흔한 케이스가 아닐까 싶다. 모든 일에는 아무래도 동의가 필요하다. 그 일이 작건 크건 그것은 중요하지 않다. 내 말에 누군가가 동의해 주는 것이 중요한 것이라고 생각하는 것이다.

사실 어느 조직에서나 힘을 가진 누군가에게 줄을 잘 서서 본인의 포지션을 유리하게 갖추어가고자 하는 사람들이 있게 마련이다. 그러나 스타트업은 본질적으로 '성장과 성공' 두 가지를 추구해야 한다. 그런데 이 와중에 정치질이라니, 솔직히 이런 사람들을 보고 있으면 어떤 삶을 살아왔는지 궁금해지기까지 한다.

사람은 셋만 모여도 정치를 한다고 했다. 회사에서 벌어지는 이러한 일들을 우리는 흔히 사내 정치라고 표현한다.

- 친한 사람들끼리 정보를 주고받고 각자 이익을 추구한다.
- 특정인을 험담하며 평판에 흠집을 낸다.
- 실력이 아닌 다른 수단을 기반으로 조직 내에서 우위를 점하려 한다.

사내 정치는 사실 부정적인 면이 많다. 아무래도 순기능을 찾기가 더 어렵다. 폐쇄적이면서도 기본적으로 배타성을 갖고 있기 때문일 것이다.

이를 없애기 위해 많은 기업에서 타운홀과 같은 전체 회의 형식을 빌어 정보를 공유하는 자리를 갖는다. 그렇다 하더라도 정치가 만연한 조직에서는 타운홀 자리에서 아무도 의견을 내지 않는 것이 보통이다.

4-8

오픈 커뮤니케이션

꼭 정치적 행동을 하지 않는 것이 좋다고만 말할 수도 없다. 필요에 따라 그러한 행동이 필요한 경우도 있을 것이다.

나는 가급적 모두가 있는 자리에서 이야기하려고 노력한다. 작은 일이라고 하더라도 가급적 오해가 없도록 하기 위해서다. 결론만 전달하는 방식은 그 결론이 도출된 과정과 과정에 대한 설명이 덧붙여지지 않으면 뒷말을 만든다.

정치는 그렇게 시작된다고 생각한다. 그래서 정보를 투명하게 공개하는 것이 오픈 커뮤니케이션의 시작이다.

가급적 소통의 과정을 모두 공유하고 다 같이 합의를 이끌어내는 것이 중요하다. 누구 한 사람의 이익을 위해서가 아니라 모두의 성장을 위해서 일한다면 조직 내에서 정치가 없어지지는 않겠지만 동경의 대상이 될 수는 있을 것이다. 그리고 그렇게 정치로 살아남으려는 사람들이 줄어들고 조직이 더욱 투명해지지 않을까 생각한다.

오랜 기간 함께했던 굿닥의 임진석 대표가 어느 날 타운홀에서 이런 말을 했다. 1절 2절이 안 되면 6절이라도 해서 끝까지 잔변감을 남기지 않을 만큼 충분히 이야기하라고 말이다.

4-9

Cross Functional Team

나는 작은 규모의 조직일수록 Cross Functional Team(교차기능팀)이 되기를 추천한다. Cross Functional Team은 일반적으로 개발, 마케팅, 영업 등 서로 다른 업무를 하는 인원이 하나의 그룹으로 모여 팀을 이루는 것을 말한다. 사실 스타트업이나 조직 규모와 무관하게 Cross Functional Team은 상당히 많은 조직에서 사용되고 있는 조직 구성 방식이다. 이러한 팀은 공동의 목표 달성에 초점을 두고 빠른 의사결정과 협업을 수행한다.

이러한 Cross Functional Team을 구성할 때에는 서로 다른 배경지식이나 전문성, 경험을 바탕으로 구성하는데 이는 다양한 관점과 접근법을 통해 창의적인 솔루션을 도출할 수 있기 때문이다.

최근 많은 스타트업에서는 이러한 Cross Functional Team을 사일로(Silo)혹은 스쿼드(Squad)라고 부른다. 그리고 이렇게 구성된 Cross Functional Team을 '목적 조직'이라고도 부른다. 이는 전통적인 '기능 조직'의 형태와 다른 움직임을 갖는다. 대기업이나 대기업 출신의 창업자들은 '기능 조직'과 같은 전통적인 조직 구성을 선호하곤 한다.

하지만 빠른 변화와 혁신을 추구해야 하는 업무 특성에 '기능 조직'은 적합하지 않다. 가장 큰 이유는 커뮤니케이션 비용이 많이 들어가기 때문이다. 어떠한 목표를 설정하더라도 모든 팀이 이를 받아들이는 데 차이가 생기는데 이는 팀이 지향하는 목표가 서로 다를 수 있기 때문에 발생하는 문제다.

예를 들어 예산을 잘 관리해야 하는 재무팀의 입장에서는 비용을 아끼려 할 것이고, 비용을 지출하며 마케팅해야 하는 부서에서는 빠르고 원활한 자금 운영이 필요하다. 이러한 과정에서 서로의 입장을 이야기하고 조율하는 것은 생각보다 상당한 시간이 필요하다는 것을 알 수 있다. 조직의 규모가 작은 상태에서는 가급적 Cross Functional Team을 지향하고 하나의 목표를 향하여 달려갈 수 있도록 조직을 유연하게 관리하는 것이 중요하다.

그래서 PM, PO는 이러한 Cross Functional Team의 리더 역할을 하는 경우가 많다. 다만 리더라고 해서 사람을 부리는 일을 하는 것은 아니다. 그들이 일할 수 있는 환경을 조성하고 성과를 창출할 수 있도록 뒤에서 조력하는 역할이라고 생각해야 한다.

지금까지 강력한 실행력을 기반으로 엄격한 자기관리와 커뮤니케이션, 조직의 구성에 대해 이야기했다. 이제는 조금 더 실무로 들어가 제품 담당자가 하는 일의 과정을 더 면밀하게 살펴보고자 한다.

05

문제를 정의하는 것

5-1

PON List

Problem(문제), Opportunity(기회), Needs(요구)의 앞 글자를 따서 PON이라 하며 이러한 요구사항들을 모아 놓는 것을 PON list라고 부른다. 비즈니스 측면에서 제품 관리자의 역량을 알아볼 수 있는 것 중의 하나가 바로 PON이다. 제품 관리자는 PON List를 통해 그동안 수집된 요구사항을 정리하고 제품을 설계하며 개발 방향을 수립하고 우선순위를 정할 수 있는 제품 전반의 기반을 마련한다. 단순히 문제를 개선하는 것이 아니라 기회 요소까지 판단하여 사업의 기회와 연결하는 것이다.

그래서 보통 Problem을 통해 해결해야 할 문제를 정의하면서 비즈니스에서 Opportunity를 발견하는 것에 집중해야 한다. 문제를 해결함으로써 비즈니스 기회가 생긴다면 이는 가장 우선순위가 높을 것이다. 문제는 있지만 비즈니스와 연결되지 않는다면 이는 해야 할 일이지만 우선순위가 높지 않을 가능성이 있다.

따라서 제품 관리자는 단순히 맡고 있는 제품의 도메인에 한정되지 않고 다양한 시각으로 상황을 바라볼 수 있어야 한다. 또한, Needs는 말 그대로 사용자나 비즈니스 파트너의 요구사항을 말한다. 따라서 제품에 대한 요구사항을 달성할 때 비즈니스의 목적을 함께 달성할 수 있는지에 대해서도 고려해야 하는 것이다.

5-2

문제란 무엇을 말하는 것인가

제품 관리자로 업무를 진행하다 보면 가끔 이런 상황을 마주할 수 있다. 어떤 문제를 해결해 보고자 했는데 아무도 납득하지 못하는 상황이다. 이런 경우 대부분 '문제가 잘 정의되어 있지 않은 상태'인 경우가 많다.

'문제가 있다'라고 말하는 것은 현재 상태가 기대하는 상태와 다른 경우를 의미한다. 이때 현재의 상태와 기대하는 결과 상태의 간극을 인지하는 것을 '문제를 발견했다'고 보통 이야기한다. 그래서 이러한 기댓값과 현재 상태의 간극을 줄이는 과정을 문제 해결이라고 이야기한다.

이렇게 문제를 찾은 후에는 이 문제에 대해 명확한 현재 상태를 규정하는 것이 필요하다. 그래야 그 문제를 제대로 보고 그 문제를 해결하기 위한 시작이 가능하기 때문이다. 반대로 기대하는 상태는 우리의 목표가 된다. 그러나 여기에는 변수가 끼어들게 된다. 바로 사람이다.

문제를 정의하는 것에 있어서 이것이 정말 문제인가 아닌가에 대해서는 사람마다 의견이 다르기 때문이다. 예를 들어 전단을 보고 음식을 주문하는 것이 누군가에게는 불편하기도 했을 것이고, 누군가에게는 불편함이 아닐 수도 있다.

이미 그 상황에 익숙해져서 문제라고 인식하지 않기 때문이다. 즉, 문제라는 것을 자각하느냐도 중요한 것이다. 아무리 이것이 문제라고 주장해 봐도 그것을 상대가 자각하지 못한다면 문제가 아니기 때문이다. 그래서 문제에 대한 공감을 갖게 만드는 것도 중요하지만 공감할 수 있는 문제를 찾아내는 것도 중요하다.

문제라고 주장한 것들이 다른 이들로 하여금 문제로 인식되지 않는 것은 공감을 형성하기 어렵다는 뜻이고 이를 해결하는 해결책을 제공하는 것이 그 누구에게도 도움이 되지 않을 가능성이 크다는 것이다. 따라서 결과적으로 해결책을 제공해도 애초에 문제가 아니었기 때문에 누구에게도 효용 가치가 없는 제품이 만들어지게 되는 것이다.

그래서 이럴 때는 문제를 겪는 사용자의 목소리를 직접 듣고 대다수가 공감할 주제를 찾아가는 과정이 중요하다.

5-3

사용자 조사

사용자 조사는 사람들이 일상에서 제품을 이해하고 사용하는 데 영향을 미치는 사용자의 행위와 동기를 이해하는 활동이며 이를 우리는 유저 리서치라고 부른다.

사용자 조사는 일반적으로 제품, 서비스, 또는 경험과 관련된 사용자의 행동, 선호도, 요구사항 등을 이해하기 위해 수행되는 조사를 의미한다. 사용자 조사는 사용자의 관점에서 제품 또는 서비스를 개선하고 사용자 경험을 최적화하는 데 도움이 되는 것으로 알려져 있다. 이를 통해 제품이나 서비스가 사용자의 실제 필요에 부합하고 사용자들이 만족할 수 있는 경험을 제공하는 데 기초를 제공한다.

간혹 시장 조사와 혼용해서 사용되기는 하지만 조금 더 명확히 구분하자면 유저 리서치는 제품을 사용하는 것에 집중하는 것이며, 시장 조사는 시장에서 소비자가 소비에 집중하는 과정에서 인사이트(사물이나 현상을 꿰뚫어보는 능력)를 발견하는 것이라는 점에서 차이가 있다.

수많은 기업이 사용자 중심의 제품을 만들기를 원하지만 여전히 보수적인 기업의 의사결정 과정을 들여다보면 이해관계자 선에서 진행되는 경우가 많다. 실무진이 아무리 좋은 제품이나 서비스를 발굴해도 상위 결정권자에 의해서 묵살되는 경우가 많기 때문이다. 아무리 직급을 없애고 공통된 단어로 상대를 부르며 영어로 서로를 호칭하는 조직이라 하더라도 업무적으로 수직적인 조직 문화를 가진 조직에서는 이런 경우가 더욱 자주 발생한다.

하지만 급변하는 시장 상황에서 사용자에게 선택받는 제품이나 서비스를 개발하기 위해서는 사용자에 대한 이해는 선택이 아닌 필수다. 사용자가 우리의 제품을 사용하는 과정은 물론 그렇지 않은 상황을 비롯해 삶에 영향을 미치는 다양한 상황과 영향을 주는 요소들 그리고 사용자의 니즈가 무엇인지 알아가는 것만으로 회사는 더 큰 효과를 얻게 된다.

사용자 조사는 제품의 단계에 따라 리서치를 진행하는 방식이나 리서치를 통해 달성하고자 하는 목표가 달라질 수는 있지만 사용자 리서치가 필요한 시점은 어느 정도 정해져 있고, 시기는 다음과 같이 정리할 수 있다.

제품/서비스 개발 초기 단계: 제품이나 서비스를 아직 개발 중이거나 초기에 있는 경우, 사용자 리서치를 통해 초기 아이디어를 검증하고 사용자의 요구사항을 파악할 수 있다. 이를 통해 개발 과정에서 방향을 조정하고 사용자 중심의 제품을 만들 수 있다. 리서치를 통해 결론을 빨리 얻을수록 초기 아이디어를 기반으로 출시하는 제품에 더 긍정적인 영향을 미치고, 아이디어 검증 과정에서 발생하는 불필요한 비용을 줄일 수 있기 때문이다.

문제 발생 시점: 제품 또는 서비스에 문제가 발생했거나 사용자들의 불만이 높아진 경우에도 역시 사용자 리서치가 필요하다. 제품을 운영하다 보면 문제가 전체에서 발생하는지 일부에서 발생하는지 파악이 필요하고 이에 따라 사용자에게 미치는 영향도를 파악해 보아야 한다. 이러한 경우에 사용자 리서치를 사용하면 문제의 원인을 파악하고 해결 방법을 찾을 수 있으며 경우에 따라 고도화 방향 또한 도출할 수 있다.

새로운 기능이 추가되는 시점 전후: 제품이나 서비스에 새로운 기능을 추가하려는 경우나 출시된 이후, 사용자 리서치를 통해 사용자들의 니즈에 어느 정도 부합하는지와 만족도를 포함한 제품 선호도를 파악하고 출시한 제품에 필요한 새로운 기능을 설계하거나 개선할 수 있다.

시장 또는 경쟁 환경 변화 시점: 시장 환경이 변화하거나 경쟁사가 새로운 제품이나 서비스를 출시하는 경우, 사용자 리서치를 통해 시장 동향을 파악하고 사용자들의 요구에 맞춘 전략을 수립할 수 있다.

지속적인 리서치: 사용자 리서치는 일회성이 아니라 비정기적으로 혹은 정기적으로 계속 수행되어야 한다. 제품이나 서비스가 발전하고 변화함에 따라 사용자의 요구도 변화하므로, 정기적으로 혹은 비정기적으로 사용자 리서치를 통해 최신 정보를 유지하고 제품 또는 서비스를 지속적으로 개선할 수 있다.

정리하자면, 사용자를 대상으로 하는 리서치는 제품/서비스의 전체 생명주기 동안 계속되어야 한다. 따라서 언제 해야 하는지 명확하게 정해져 있지는 않지만 초기에는 아이디어 검증, 중기에는 개발 방향 조정, 후기에는 지속적인 개선과 최적화를 위해 사용자의 피드백을 수집해야 한다.

사용자 조사에는 다양한 기법이 있으며 조사 목적, 대상 사용자, 리소스 등에 따라 선택하는 기법이 달라질 수 있다. 일반적으로 사용되는 몇 가지 사용자 조사 기법은 다음과 같이 정리할 수 있다.

설문조사: 사용자에게 질문을 제공하여 특정 주제나 제품/서비스에 대한 의견을 수집한다. 온라인 설문조사, 종이 설문지, 전화 인터뷰 등 다양한 형태로 실시될 수 있고 예산에 따라 회사의 상황에 맞게 적절하게 진행할 필요가 있다.

인터뷰: 사용자와 일대일로 대화하여 특정 주제에 대한 자세한 피드백을 얻을 수 있는 기법이다. 구조화된 인터뷰나 비구조화된 인터뷰 등 다양한 방식으로 실시되는데 제품을 개선하는 데 있어 가장 유용하게 활용될 수 있다. 인터뷰를 통한 사용자 조사의 경우 그 수가 5인을 넘지 않는 것이 좋다는 의견도 있다.

포커스 그룹 토론: 소그룹으로 구성된 사용자 그룹이 특정 주제에 대해 토론하도록 유도하여 그룹 내 의견을 수집하는 방법이다. 그룹의 다이내믹스를 통해 다양한 관점을 파악할 수 있지만 생각보다 실행의 난이도가 높은 사용자 조사 방법이다. 이 경우에는 그룹 내 조사 참여자가 배경지식이 어느 정도 있다는 것을 전제로 하기 때문에 내부 직원들을 통한 인사이트 도출에 활용되기도 한다.

관찰: 사용자의 행동이나 상호작용을 직접 관찰하여 인사이트를 얻는 방법으로 UX를 개선해야 하는 경우 주로 사용된다. 사용자가 제품 또는 서비스를 사용하는 과정을 시각적으로 기록하고 분석하는데 화면 녹화뿐만 아니라 사용자의 제품 사용 기간 전반적인 모습을 모두 기록한 뒤 제품의 경험에 대해 평가한다.

사용자 테스트: 사용자들에게 실제 제품이나 프로토타입을 사용하도록 요청하여 사용자 경험을 평가하고 문제점을 발견하는 방법으로 관찰 방법과 함께 사용한다. 사용자의 반응을 직접 관찰하고 피드백을 수집하여 제품을 개선한다. 실제 출시된 제품은 아니지만 사용자에게 제공되는 테스트용 제품을 별도로 개발하여 제공한다. 이 경우도 마찬가지로 참여자는 5인 정도로 구성하는 것이 시간과 비용을 최적화할 수 있는 방법으로 평가되고 있다.

5-4

유저 테스트를 하지 않는 조직의 흔한 핑계

현업 디자이너를 대상으로 강의를 하면서 프로토타이핑(프로토타이핑이란, 본격적인 상품화에 앞서 성능을 검증·개선하기 위해 간단히 핵심 기능만 넣어 제작한 기본 모델)은 필수 불가결인 디자이너의 업무라는 이야기를 한창 하던 때 불만에 가득한 수강생 한 명이 이렇게 말했다.

"시간도 없는데 언제 프로토타이핑을 만드나요."

강의가 현실을 반영하지 못하고 있다는 생각에 프로토타이핑의 필요성에 관련한 이 질문에 말문이 막힐 수밖에 없었다. 그리고 꾸역꾸역 강의를 마치고 집으로 돌아와 한참이나 누워 생각했다. 정말 내가 필요한 것을 가르치고 있었던 것이 맞나? 단순히 책에서 보고 들으며 익힌 것이 철학이고 정답인 듯 가르치기만 하는 건 아닐까? 사실 내가 운영하던 스타트업이나 몸담은 조직에서 User Test를 얼마나 자주 했고 그 필요성에 대해서 구성원 모두가 얼마나 공감하고 있을까?

이런 번잡한 생각들 끝에 그렇다면 프로토타이핑이 왜 필요한지에 대해서 먼저 이야기하지 못했던 나 자신에게서부터 문제점을 찾아야겠다고 결론을 내렸다. 필요성을 알지 못하는 사람에게 필요한 물건이니 구매하라고 강요하는 것과 무엇이 다른가. 그리고 그 필요성을 머릿속으로는 알고 있으면서도 듣는 이가 쉽게 이해하지 못하게 말하는 나의 문제를 어떻게 해결해야 하는가. 이것이 두 번째 고민이 되었다. 왜 현실 세계에서 프로토타이핑에 대한 이해와 User Test가 제대로 이루어지지 않고 있을까?

사용자 테스트는 앞서 이야기했던 유저 리서치 방법 중 관찰, 프로토타입 등의 방법을 믹스하여 실제 사용자가 서비스를 이용하는 과정을 관찰하고, 그 과정 속에서 문제점을 찾아내어 개선하기 위한 아이디어를 발굴하는 사용자 조사 방법이다.

N사의 포털 사이트 블로그에 가면 실제 사용자를 대상으로 테스트를 하는 모습을 볼 수 있다.

사용자 테스트는 어떤 산업군에서든 당연히 필요한 것이다. 왜 사용자 테스트가 필요하냐에 대한 대답은 이미 모두가 알고 있다. 당연히 그래야 하는 것이니까. B2B 서비스건 B2C 서비스건 결국 사용자는 사람이다. 당연히 해야 할 것만 같은 사용자 테스트를 도대체 왜 안 하려고 하지? 이유는 생각보다 가까이 있었다.

1. 우리가 곧 정답이라는 자만심

사용자 테스트를 하지 않는 그룹의 문제 중 가장 대표적인 것은 '우리가 생각하는 게 맞다'라는 생각을 갖고 있는 것이다. 과거에 회사를 다닐 때나 스타트업을 운영할 때 그리고 주변의 대부분의 스타트업을 보면 '스타트업 정신'으로 무장해 있고, 신기하게도 모두가 '스티브 잡스에 빙의'되어 있다.

그들이 만드는 새로운 세계관을 타인에게 적용하려고 하고 그들의 생태계에 들어와 적응해 주길 바란다. 하지만 스타트업이 새로운 가치를 창출해 내는 것과 스티브 잡스와 같이 새로운 사용자 경험을 제공하는 것은 생각보다 쉬운 일이 아니다.

그리고 그러한 서비스를 만들고 있는 대부분의 사람들은 윗사람에 의해 디자인과 서비스 방향이 결정된다. 그리고 윗사람들은 공급자이지 사용자가 아니다.

2. 나를 위한 것인가 모두를 위한 것인가

사용자는 익숙함을 가장 선호한다. "새로운 경험"은 기존에 존재하지 않았던 창조에서 기인하기도 하지만 대부분 기존의 익숙함과 불편함 사이에서 새로운 경험을 제공하는 것에서부터 시작한다. 자동차의 키가 없어지고 Start Button으로 변경되었을 때에도 기존에 자동차 열쇠를 넣던 위치에 버튼이 새로 생긴 것일 뿐 그 위치 자체는 그대로이다.

여기서 이미 익숙한 것은 자동차를 운전하려면 열쇠가 있어야 한다는 것이고 불편한 것은 운전하기 위해서는 키를 바지 주머니 깊은 곳에서 꺼내야 하고 잘 보이지도 않는 열쇠 구멍을 찾아 집어넣고 브레이크를 힘껏 밟으며 돌려주어야 한다는 것이다.
그 당연함과 불편함 사이에서 스마트키라는 개념이 탄생했다. 엄청난 발명인지는 잘 모르겠지만 확실히 운전자에게는 편안함을 가져다주었다.

이것이 불편을 겪는 수많은 사람들의 경험을 데이터로 축적하고 개선한 결과이며 개발 이후에도 많은 단점을 개선하기 위해서 다양한 직군과 성별, 연령대의 사람들을 대상으로 테스트해 왔다.
그 시작이 나의 불편함에서 시작되었다고 하더라도 모두의 불편함은 아닐 수 있다는 것을 잘 염두에 두어야 한다.

3. 사공이 많으면 배가 산으로 가더라

누구나 자신의 개발과 디자인 결과물에 대해서 타인의 의견을 듣는 것 또는 평가받는 것에 대해 두려워한다. 이러한 두려움을 다른 방법으로 표출하기도 하는데 혹자는 이렇게 말했다.

"아니 그렇게 한 사람, 두 사람의 의견을 계속 받다 보면 서비스가 방향을 잃지 않을까요?"

"오히려 방해가 될지도 모른다. 우리가 생각하는 대로 우선 해보자."

이렇게 말하는 사람들은 사용자 테스트 과정 자체가 주는 의미를 전혀 이해하지 못하는 사람들이다. 사용자 테스트를 위해서 100명을 인터뷰한다고 해도 100명의 인터뷰 내용이 모두 다르진 않을 것이다. 만약 100명이 모두 다른 의견을 제시할 정도라면 그 사업이나 서비스를 처음부터 다시 고민하는 게 맞다.

결국 일정한 그룹이 형성되고 공통된 의견이 도출되면서 사용자 입장에서 바라본 서비스의 개선점을 찾아가려는 목적을 이룰 수 있다. 모수(모집단에 대한 통곗값)가 많으면 높은 확률로 개선점과 향후 과제를 찾아내겠지만 모수가 적다고 해서 그들의 의견이 잘못된 것은 아니다. 오히려 대강 서비스를 훑어본 100명의 의견보다 우리의 서비스를 깊이 있게 살펴보고 오랜 시간 같이 고민해 줄 수 있는 5명이 더 나은 결과를 줄 수도 있다.

그리고 실제 User Test에 대한 필요성을 언급하는 사람들도 대부분 5명 이하의 사용자를 대상으로 할 것을 추천하기도 한다. 우리가 생각하는 대로 우선 해보자는 것은 50:50의 확률로 도박을 하는 것과 같다. 도박은 돈이 떨어지면 그만이지만 사업은 실패하면 끝이다. 그렇다면 한 사람의 의견이라도 더 듣고 시작하는 게 0.1%의 확률이라도 성공 쪽으로 기울어지게 만든다면 당연히 해야 하는 일 아닐까?

4. 유저 테스트는 시간 낭비라는 오해

결과가 너무 뻔히 보이는 경우라면 충분히 그럴 수 있다. 사용자 테스트 자체를 시간 낭비라고 느낄 수 있다. 그렇지만 실패한다면? 그렇게 자신하던 서비스가 사용자들의 냉철한 평가에 외면받고 앱 서비스를 게시한 구글 플레이 스토어 댓글에 '불편해서 도저히 못 써먹겠다'라는 불만이 가득해진다면, 처음부터 다시 만들어야 하는데 그 시간은 아깝지 않은가? 테스트도 진행하지 않고 출시한 제품을 가지고 실패를 통해서 성공을 배운다는 자기 위로는 잊었으면 좋겠다.

성공한 사람들만이 할 수 있는 그런 훌륭한 이야기에 자신을 끼워 맞추지 말아야 한다. 실패의 확률을 줄이고 성공을 위해 가야할 길이 멀어 1분 1초가 아깝다면 시간을 어디에 써야 하는지에 대해서 더 고민할 필요가 있다.

5-5

모두를 만족시킬 수는 없다

"스티브, 이번에 공지 사항만 개발되면 세일즈팀이 메시지를 전달하는 게 너무 간편해질 것 같아요. 저희 입장에서는 공지 사항 기능 개발이 우선순위가 높아 보입니다. 여러 번 요청드렸는데 왜 이렇게 진행이 더딜까요?"

세일즈 리드의 요청 사항이 몇 번의 스프린트가 반복되는 동안 미루어지고 있었다. 처음 몇 번은 우선순위를 논하며 거절했지만, 지속적인 요청이 들어왔다. 공지 기능을 만들어 제공하는 것은 개발 난이도가 높은 일은 아니었다. 다루고 있는 제품의 특성상 정부 정책의 변화에 따라 제품의 방향성이나 유의 사항 등에 잦은 변화가 많다 보니 세일즈팀 입장에서는 거래처와의 소통이 힘들고 번거로운 일이었을 것이다.

다만 이 기능의 우선순위를 높게 잡지 않았던 것은 아직 거래처의 수가 많지 않아 조금의 노력으로 쉽게 정보를 제공할 수 있었고, 이메일이나 메시지와 같은 대체 수단이 충분했기 때문이다. 오히려 제품에 공지 사항을 두는 것보다 거래 상대방에게 직접 이슈 사항을 전달하는 편이 더 높은 전달력을 갖는다고 판단했다.

정부 정책의 잦은 변화를 매번 고객과 커뮤니케이션해야 하는 불편함을 공지 사항이라는 간단한 기능으로 대체해 버리는 순간 공지 사항을 작성하고 등록한 것으로 그 책임을 다했다고 생각하고 거래처에 대한 관리가 소홀해질 가능성이 있다. 더불어 공지 사항을 마련하는 것은 다수에게 빠르게 정보를 편리하게 전달할 수 있지만 변화된 정책을 지키지 못함으로 인해 발생한 불이익이나 문제를 사용자에게 전가하기 위한 도구로 활용될 가능성도 높아 보였다.

적은 인원으로 제품의 요구사항을 모두 다 수용하기란 늘 어려운 일이기도 하지만 제품 담당자는 전반적인 맥락을 잘 파악하는 것이 중요하다. 그래서 요구사항을 수집하는 것만큼이나 우선순위를 잘 조율하는 것이 중요하다. 요구사항은 조직 내부뿐만 아니라 외부에서도 발생하게 된다. 거래처의 요구사항이나 사용자의 요구사항 등 다양한 경로를 통해 다양하게 수집된다. 이러한 요구사항을 모두 만족시킬 수 있다면 좋겠지만 사실 대부분의 요구사항은 우선순위를 정하는 의사결정 과정에서 뒤로 밀리거나 영원히 잊히는 경우도 발생한다.

제품 담당자가 항상 모든 요구와 요청 사항을 다 충족할 수는 없다. 다만, 이러한 요청 사항에 대한 이행이 불가하거나 어렵다는 것에 대해서는 상대방이 충분하게 납득할 만한 근거가 필요하다. 넘겨짚는 식으로 지레짐작할 게 아니라 타당한 근거를 바탕으로 해야 한다. 앞서 언급한 사례는 제품 담당자로서 적절한 대처 방식이 아니었다. 세일즈팀이 더 나은 세일즈 활동이 가능하도록 지원했어야 했다. 개발의 난이도가 높지 않았기도 했지만 우선순위를 조절한 근거가 반은 맞고 반은 지레짐작에 가까웠기 때문에 결과적으로는 적절한 근거 없이 요구사항을 제대로 충족해 주지 못한 것이다. 상당 시일이 지났지만 개발 요구사항을 완료한 뒤 더 빠르게 대처하지 못했던 부분에 대해 사과했다. 잘못은 인지하는 즉시 사과하는 것이 어떠한 인간관계에서든 가장 중요하다.

한번은 CS팀으로 강성 불만이 접수되었다. 핵심 거래처로부터 발생한 CS 건이었다. 내용을 들어보니 어처구니없는 실수로 인해 발생한 문제였다. 조금 더 신경을 썼다면 발생하지 않았을 문제이기도 했다. 이러한 상황에서 대부분의 제품 담당자는 거래 상대방과의 커뮤니케이션을 CS 담당자나 세일즈 담당자에게 일임해 버리는 경우가 있다. 제품의 부족함으로 인해 발생한 사례라면 직접 연락해서 처리하는 게 좋다.

생각보다 직접 전화해 주었다는 것에 감사해할 뿐만 아니라 오히려 그동안 하고 싶었던 이야기를 쏟아내는 과정에서 제품이 더 잘될 수 있는 방향에 관해 이야기해 주는 경우도 있다. 항상 모두를 만족시킬 수는 없지만 만족하지 못했다고 해서 도망치거나 자존심을 세우느라 사과할 타이밍을 놓치지 않았으면 한다. 그저 말 한마디면 생각보다 많은 일이 원활하게 해결되기 때문이다.

06

MVP로 최대한 작게 시작한다

6-1

문제 상황에 대한 정리로 시작한다

4년이나 운영하던 회사를 매각하고 두 달여 기간 동안 잠시 휴식을 갖기로 했다. 신체적, 정신적으로 지쳐있던 나 자신에게 이러한 휴식의 시간은 회복할 기회가 되었던 것 같다. 운동을 하는 사람들도 근 성장을 이루기 위해서는 반드시 적절한 휴식을 병행해야 한다. 마찬가지 원리로 새로운 일을 시작하기 위해서나 기존에 하던 일을 더 잘하기 위해서는 적절한 휴식이 필요하다.

여러 가지 일을 준비하던 차에 굿닥의 대표로부터 연락을 받았다. 코로나19가 시작되던 시기였고 비대면 진료 비즈니스를 준비하던 차라 비대면 진료 제품을 만들어보고 싶고, 함께해 주었으면 한다는 이야기였다. 두 번의 미팅 후 합류를 결정했다.

내가 받은 미션은 기존 제품에 '비대면 진료 기능을 추가하는 것'이었다. 사용자 인터뷰도 필요했지만, 시간과 비용이 넉넉하지는 않았다. 사용자 인터뷰는 타사 제품들에 작성된 리뷰를 활용하기로 했다. 추가로 국내외에서 제공되는 원격진료 관련 제품들을 살펴보면서 사용자 시나리오를 작성하기 시작했다.

한창 비대면 진료를 기획하던 초기에는 회사 내부에서조차 '비대면으로 누가 진료를 받겠느냐'라는 의견도 있었다. 그도 그럴 것이 이미 1년여 전부터 비대면 진료 제품을 출시한 타 플랫폼의 리뷰를 분석해 보니 제휴된 의사들의 진료가 제대로 되지 않아서 플랫폼을 통해 진료를 신청한 사용자들의 불만이 가득했다. 아예 요청한 진료에 대해 응답이 없거나 서너 시간을 기다리는 일은 다반사였다.

플랫폼에 참여한 의사들 입장에서는 병원에 직접 내원하는 환자에 대한 진료가 우선일 수밖에 없다. 그래서 비대면 진료를 신청한 환자는 진료 우선순위가 낮았을 것이다. 환자는 앱으로 진료를 신청해 두고 몇 시간 동안 응답이 없는 의사들 때문에 플랫폼을 신뢰하지 못했고 이에 강도 높은 리뷰가 작성되어 있었다.

사용자 입장에서 비대면으로 병원 진료를 받는 경험도 익숙하지 않은데, 해당 플랫폼에 참여한 공급자 중 상당수가 플랫폼 내에서 적극적인 활동을 하지 않고 있었다. 하지만 우리가 준비 중인 제품에 비하면 타사의 플랫폼은 형편이 그나마 나은 편이었다. 우리는 비대면 진료에서 가장 중요한 '의사'가 단한 명도 확보되지 않았었기 때문이다.

신규 제품을 론칭하려면 최소한의 구색을 갖추어야 한다는 것은 기본이다. 세일즈를 잘해서 의사들을 제품 출시일 전에 최대한 많이 확보하는 것도 중요했다. 하지만 이렇게 제휴된 의사들이 우리의 플랫폼 내에서 내원 환자보다 우선순위 높게 적극적으로 진료를 보기 어려울 것이라는 점을 타 플랫폼을 통해 간접적으로 발견했기 때문에, 기존 플랫폼의 방식과 유사한 형태로 개발하고 운영하는 것은 전략적인 우위가 없다고 판단했다.

정리된 문제 상황을 두고 한편으로는 의사 확보를 위해 사방팔방 뛰어다녔다. 역시 의사를 확보하는 것 자체에서부터도 어려움의 연속이었다. 발로 뛰는 것 말고는 당장 뾰족한 답이 없었다. 의사 확보를 위해 함께 일하는 조직의 구성원은 BD(사업개발을 담당하는 사람)를 포함하여 세 명이 전부였다. 이대로라면 제품 출시 목표 일정까지 원하는 수준으로 의사를 확보하기는 어려워 보였다. 당시 의료계 분위기 역시 비대면 진료에 대해 대부분 회의적인 시선을 갖고 있어 세일즈는 더 어려웠다.

앞서 이야기했던 문제는 크게 두 가지로 구분할 수 있다. 적절한 제품의 구색을 갖춘다. 그리고 비대면 진료를 통해 긍정적인 사용자 경험을 제공하기 위해 플랫폼 내에서 적극적으로 진료에 참여해 줄 수 있는 의사를 확보하고 그들이 적극 참여할 수 있는 형태의 제품을 개발한다.

위 두 문제 중 한 가지였던 비대면 진료에 참여해 줄 수 있는 의사를 확보하기 위해 외부 일정을 나가기 전 타다 앱을 실행하고 목적지를 입력했다.

6-2

가설과 간단한 검증 과정

'타다'나 '카카오택시'와 같은 모빌리티 서비스를 통해 어딘가 이동하기 위해서 우리는 출발지와 목적지를 설정할 뿐 원하는 택시 기사나 드라이버를 선택하지는 않는다. 출발지부터 목적지까지 최대한 빠르게 이동시켜 줄 수 있는 드라이버가 선착순으로 콜(요청)을 잡으면 되기 때문이다. 이와 같은 방식을 비대면 진료에도 적용해 보면 좋겠다고 생각했다. 그래서 마찬가지의 개념을 적용해 보기로 했다. 그 개념을 증명하려면 약간의 테스트가 필요했다.

"스티브, 아무래도 비대면 진료는 택시와 다르게 건강과 관련된 진료를 받는 것이니 어떤 의사에게 진료받을지를 사용자가 직접 선택하는 것이 중요한 요소일 것 같은데요. 다른 플랫폼처럼 의사를 사용자가 직접 선택하는 UI를 제공하는 것이 더 나은 방법이 아닐까요?"

"맞아요. 그런데 우리는 지금 의사 확보도 충분하지 않고, 여러 가지로 제품 성공을 확신할 수 없는 상황이니 환자가 의사를 선택하는 것이 아닌 의사가 환자를 선택하는 새로운 방법이 동작할지 테스트해 보고 최종적으로 결정하시죠."

곧 추석 명절이 다가오고 있었다. 연휴 기간에는 진료하는 병원이 평소에 비해 적기 때문에 진료 중인 병원을 찾는 수요가 많다는 기존 데이터를 기반으로 비대면 진료가 적절한 대안이 될 수 있을 것으로 판단했다. 이때까지도 우리가 확보한 비대면 진료 참여를 결정한 의사는 고작 두 명뿐이었다. 추석 일정에 맞춰 어떠한 방식으로 위 개념을 증명할 수 있을지에 대해서 논의했다.

"일단 당장 개발팀을 통해서 제품 개발 지원을 받기는 어려우니 배너를 띄우고 카톡으로 비대면 진료 신청을 받아서 확보된 두 의사분에게 환자 정보를 수기로 전달하고 진료해 달라고 해보죠. 진료는 환자분 전화로 직접 의사분들이 전화하도록 하고, 우리는 비즈니스 프로필 카톡으로 신청받아서 전달만 하는 것으로요."

개인정보 보안 측면에서의 리스크를 최소화하기 위해 제한적인 정보만을 받아 의사들에게 전달하기로 했다. 디자인팀에 요청해서 간신히 추석 명절 전에 비대면 진료에 대한 안내 팝업 디자인이 완료되었다.

개발이라는 과정을 통해 시스템으로 구현된 것은 아무것도 없었다. 카톡으로 전달된 문의를 의사들에게 일일이 전달하는 투박한 방식이었고, 의사가 발행한 처방을 조제해 줄 수 있는 약국 역시 일일이 약국마다 전화해서 찾아주어야 했다. 어렵고 고되지만 가설을 증명하기엔 충분할 것으로 생각했다. 마음 한편에서는 비대면 진료가 아직 익숙하지 않아 신청이 많지 않다면 어떻게 할지에 대한 불안한 마음도 있었다.

하지만 걱정과 정반대의 결과에 다들 놀라워했다. 2021년 추석 연휴 기간 진행한 5일 동안 1,736명의 사용자가 비대면 진료에 대해 궁금해했고, 이 중 1,156명이 비대면 진료를 접수했다. 배너를 클릭한 1,736명 중 1,156명이 진료 요청을 했으니 비대면 진료 신청에 대한 관심은 66.5%로 그동안 회사에서 내놓았던 어떠한 제품보다도 관심이 높았다. 문제는 의사 수였다. 적은 의사로 진료를 처리하다 보니 신청한 모든 사용자의 진료를 다 처리할 수는 없었고 최종으로 211명의 진료를 완료했다. 신청부터 진료 완료까지 12%로 기대 이상의 높은 전환율을 보여줬다.

"이거 되겠다."라는 말을 나도 모르게 입 밖으로 내뱉었다.

의사를 수동으로 매칭해 주는 과정에서 진료가 완료된 환자 211명 중 단 한 명만이 의사에 대한 정보를 궁금해했다. 나머지 사용자는 모두 진료 후 처방 약을 받는 것에만 집중했다. 비대면 진료의 본질은 의사와의 진료가 아니라 약을 받는 데 있고, 약을 받기 위해 진료는 하나의 과정에 지나지 않는다는 인사이트를 얻은 것이다.

그래서 기존의 플랫폼들과 달리 의사를 선택하는 과정을 과감하게 없애고 의사를 랜덤하게 매칭하는 방식으로 제품을 개발하기 시작했다. 그리고 '의사를 만나는 가장 빠른 방법'이라는 슬로건을 바탕으로 1분 안에 의사와 매칭되는 경험을 제공하는 새로운 형태의 비대면 진료를 시장에 출시했다. 하지만 생각 외로 제품 출시 초기에 만난 의사들의 반응은 냉담했다.

"쉬지도 좋고 다 좋은데 의사를 택시 기사로 취급하는 거요?"

카카오 택시처럼 콜을 잡는 방식의 인터페이스를 보고 의사들은 경악했다.
의사들에게 익숙하지 않은 방식이기 때문이다. 그동안 환자는 알아서 찾아오
고, 오는 순서대로 진료하는 것이 익숙했기 때문이다. 의사들의 경험에 대해
서 조금 더 깊이 있게 생각하지 못한 것이다.

하지만 시간이 지나고 제품의 가치를 알아본 수백 명의 의사들이 플랫폼과
제휴를 맺고 비대면 진료에 참여하게 되었다. 오히려 코로나 상황에 내원 환
자가 없던 힘든 상황이었는데 플랫폼을 통해 하루에도 수백 건의 진료를 볼
수 있었다고 고마움을 전하기도 했다. 기존의 플랫폼은 공급자(의사) 수가 증
가함에 따라 노출 빈도가 낮아져 신청 환자 수가 적어졌지만, 우리가 만든 제
품은 공급자가 적극적으로 참여할수록 더 많은 환자를 진료하고 그만큼 수입
이 증가한다는 것을 이해해 가기 시작했다.

그리고 더 강력해진 코로나 바이러스가 전 세계를 덮쳐왔다. 수많은 목숨을
앗아가고 많은 이들이 고통받은 안타까운 상황이었지만 비대면 진료 플랫폼
의 입장에서는 호재였다. 업계에서 다섯 번째로 뒤늦게 출시한 제품이지만
1, 2위를 다투는 수준까지 성장했다.

6-3

MVP

린 스타트업(제품이나 시장을 발달시키기 위해 기업가들이 사용하는 프로세스)의 저자인 에릭 리스는 이렇게 말했다. '검증되지 않은 제품을 처음부터 끝까지 개발해서 출시하는 방법은 불필요한 제품을 만드는 원인'이라고 말이다. 제품을 만드는 과정은 정말 많은 작업이 필요하다. 특정한 아이디어를 기반으로 하는 이러한 제품 개발은 개발이라는 '행위'를 통해 '결과'인 제품을 완성하기 전에 '아이디어 자체를 검증'하는 것이 중요하다.

제품 개발 담당자로서 새로운 아이디어를 기반으로 제품을 만들고자 할 때 시시각각 변화하는 시장에서 리스크를 최소화하고, 보다 적은 시간과 비용으로 빠르게 제품을 출시하여 검증하는 방법은 무엇일까?

애자일(짧은 주기의 개발단위를 반복하여 하나의 큰 프로젝트를 완성해 나가는 방식) 혹은 린 스타트업에 대해 들어보았다면 자주 등장하는 단어 중 한 가지가 바로 MVP이다. MVP는 Minimum Viable Product의 약자로 말 그대로 최소 생존 가능한 제품이라는 뜻을 갖고 있다. 많은 서적에서나 강의에서 '최소 기능 제품'이라 말하고 있지만 Viable의 사전 의미는 '생존 가능한'이라는 뜻을 가진 형용사로 시장에 출시한 제품이 생존할 수 있을 정도의 수준으로 개발한다는 말이다.

오역하는 이들이 자주 언급하는 MVP는 사실 ETP(Earliest Testable Product) 즉, 초기 테스트가 가능한 제품을 의미한다. 사실 두 가지 모두 뜻이 중요한 것은 아니다. 결국 우리가 실무를 하면서 겪게 되는 다양한 문제 중 한 가지는 이 MVP의 범위를 잘 정하는 것이다. 몇 가지 사례를 통해 더 자세히 알아보자.

자동차를 만드는 회사를 설립한다고 예를 들어보자. 자동차를 몸체와 바퀴 그리고 엔진으로 크게 세 가지로만 구분한다면 우선 자동차를 만들기 위해 바퀴, 엔진, 몸체 세 가지를 각각 개발해 내야 한다. 바퀴를 만드는 시간은 10일, 몸체를 만드는 데 30일, 엔진을 만드는 데 90일이 걸린다고 가정해 보자. 합쳐서 130일이라는 시간이 들어간다. 그리고 예산을 살펴보니 몸체와 바퀴 정도를 만들 수 있는 예산밖에 없다.

바퀴와 몸체만 만들면 엔진이 없어 미완성이지만 자전거와 같이 페달을 굴리는 방식으로 대강의 자동차를 만들 수는 있다. 40일이라는 시간과 정해진 예산으로 그럴싸한 자동차의 모습을 만들었다. 이것을 가지고 사람들에게 간단한 시연을 하고 투자를 받아 엔진을 개발한다. 완성된 상태의 제품은 아니지만 그럴듯한 외형을 만들어 사용자에게 시연하는 것을 우리는 보통 프로토타입이라고 부른다. 아주 극단적이고 말도 안 되는 예를 들었지만 실무도 별반 다르지 않다. 한 가지 예를 더 살펴보자.

유저에게 제품을 사용하고 나서 설문을 받는 기능을 개발한다고 가정해 보자. 유저를 대상으로 약 15가지 정도의 항목을 통해 반응을 보고자 한다고 정했다면 유저가 화면에서 15가지 항목을 선택하는 모바일 앱 화면과 항목을 선택한 후 저장했을 때 이를 저장하는 저장 공간(Database), 저장된 값을 추출하여 다시 시각화하는 화면 등을 만들어야 한다.

그런데 이 기능을 이미 제공하는 구글폼(구글이 만든 무료 설문 제품)과 같은 설문 제품들이 이미 존재한다. 구글폼을 사용하면 사용자에게 설문을 자유롭게 만들어 전달할 수 있고 그 결과를 구글 스프레드시트로 받아볼 수 있어 시각화와 데이터 저장이 모두 가능하다. 그러면 이러한 좋은 제품을 활용하지 않고 직접 개발할 필요가 있을까? 웹으로 간단하게 연동한다면 설문 제품을 개발할 시간과 비용을 아낄 수 있다. 그런데 모든 개발 조직이 이렇게 합리적인 선택만 하지는 않는다. 구글폼을 사용하는 것이 전체적인 유저 경험에서 좋지 않다, 디자인의 통일성을 해친다, 개발 리소스에 상당한 여유가 있다 등등 다양한 이유로 위와 같이 대체 가능함을 알면서도 구태여 리소스를 낭비한다. 이러한 대안을 통해 최대한 제품을 작게 만들어 조직의 시간과 비용을 아끼는 것은 제품 관리자가 해야 하는 가장 기본적인 일이다.

스타트업을 비롯해 모든 기업은 기존 시장에 존재하는 것을 개선하거나 존재하지 않는 새로운 것을 만드는데 이러한 행위는 모두 사용자에게 필요할 것이라는 가정에 기초한다.
제품 담당자는 매번 수많은 가설을 세우지만 대부분의 가설은 잘못된 경우가 많다. 가설이 잘못되었다는 것은 '시장 혹은 고객이 원하지 않는 것이거나 원하지만 수요가 너무 적은 상태'를 이야기한다. 시장에는 인터넷을 사용하는 사용자가 수억 명이 있고, 수백만 개의 앱이 있다. 이 중에 우리의 제품을 사용자가 선택할 이유가 분명하지 않다면, 즉 가설이 틀렸다면 엄청난 개발 리소스를 낭비하게 되는 것이다.

앞서 이야기했듯 수백만 개의 제품이 있고 인정받지 못하는 제품도 역시 수백만 개에 달한다. 그래서 핵심만을 담은 제품을 빠르게 만들고 시장의 반응을 살펴 고객의 피드백을 기반으로 순차적으로 개선해 가는 것이 MVP 방법론이다. 이 방법론의 최대 장점은 앞서 언급한 대로 최소한의 예산과 시간을 통해 가설을 검증하는 것에 그 가치를 둔다는 것이다. 따라서 정식 제품을 출시하기 전에 시장의 반응을 보기 위해 하나 이상의 제품을 만들어 출시하는 것이 좋다. 이러면 변화에 유연하게 대처할 수 있고 불확실성에 대처할 수 있다.

6-4

진짜 MVP를 실행하는 방법

이후 언급할 애자일 선언문을 살펴보고 더 많은 이야기를 나누겠지만 애자일 선언문에서 언급한 '작동하는 제품을 만드는 것'은 매우 중요한 일이다.

앞서 이야기한 MVP 방법론은 애자일한 방법 중 한 가지이다. 그런데 간혹 최소화라는 것을 '동작하지 않지만 그럴듯해 보이는 것'으로 착각하는 경우가 있다. 앞선 자동차 사례에서도 엔진은 없지만 페달을 밟아 움직이는 자동차를 만들어냈다. 최소한의 가치를 전달한다는 것을 제품의 기능이 완벽하게 동작하지 않아도 되는 것이라고 오해해서는 안 된다.

사용자에게 어떠한 행동을 유도하기 위한 새로운 비즈니스 기회를 찾기 위해 동작하지 않지만 그럴듯해 보이는 제품으로 성공했다는 일부 기업의 사례를 들어봤을 것이다. 하지만 시대가 변했다는 것 또한 함께 알고 있어야 한다. 사용자의 눈높이가 여전히 그때 그대로라고 생각해서는 안 된다. 세상에 없는 새로운 무언가를 창조하는 과정이라면 충분히 이러한 방법을 사용해도 좋다. 하지만 아무것도 동작하지 않는다는 것을 사용자가 인지하는 순간 더 이상 제품을 사용하지 않게 된다는 것 역시 염두에 두어야 한다.

우리가 어떠한 제품을 사용하며 기대 이하의 결과를 마주했을 때 어떠한 행동을 취하는가에 대해 살펴본다면 더 빠른 이해가 가능할 것이다. 사용자의 수요를 확인하기 위해 제품 개발을 해야 한다고 생각했다면 제품을 만들기보다는 차라리 수요 조사를 하는 것이 더 나은 방법일 것이다.

어떠한 제품을 만들어가는 과정에서 MVP라는 기준은 각자 다를 수 있다. 제품을 만드는 과정에서 제품 담당자는 제품이 너무 과하게 만들어지고 있지 않는지 반드시 경계해야 한다.

대부분 제품은 시장에 존재하지 않는 것보다 이미 존재하는 다른 제품이나 상황을 관찰하고 참고하는 것으로부터 시작한다. 그리고 특히 잘 만들어진 제품을 비교 분석을 하게 될 것이다. 잘 만들어진 제품을 우리가 만들고자 하는 제품과 비교하다 보면 '이 정도는 해야지'라는 기준이 생기게 된다. 여기에서 중요한 것은 '이 정도'가 얼마나 많은 리소스를 소비하게 되는지를 판단해 보는 것이다.

'이 정도'라는 기능이나 디자인 요소가 사용자에게 전달될 가치와 비교해 보거나 본질적인 목적에 있어서 꼭 필요한 요소인지 아니면 이후에 작업해도 무방한 것인지를 논의하다 보면 '우선순위'와 'MVP' 범위에 해당하는지에 대한 답을 얻을 수 있을 것이다.

6-5

Why - How - What

골든서클이라는 개념은 사이먼 사이넥이라는 비즈니스 리더십과 관련된 연설을 하고, "나는 왜 이 일을 하는가"라는 책을 저술한 작가가 했던 이야기다. 우리는 무엇을 해야 하는지는 잘 알지만 왜 해야 하는가 하는 근본적인 질문에 대한 답을 못 하는 경우가 많다는 것이 그가 말한 이야기의 핵심이다.

무언가 일이 잘 풀리지 않을 때 그의 영상을 보면 조금이나마 생각의 정리가 되곤 한다. 그래서 10년이 지난 지금도 그의 영상을 자주 보며 내가 정말 본질에 집중하고 있는지를 되묻곤 한다.

골든서클이란 문제를 잘 발견하여 이의 본질을 파악하고 해결책을 제시하기 위해서 가장 먼저 해야할 것은 Why - How - What의 순서로 정리한다는 것이다. 왜(Why) 이 일을 해야 하고, 왜 이 일을 해결해야 하는지 그리고 어떻게 (How) 해결할 것이며, 그 방법이 무엇(What)인지를 서술하는 것이다. 이러한 전반적인 과정은 문제를 정의하기 위해 문제를 찾는 과정이며, 보통 발산 또는 확산 후 수렴으로 이어지게 된다.

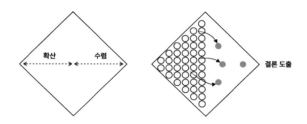

여기서 중요한 것은 "왜?(why)"에 대한 질문을 끊임없이 하며 문제의 본질을 찾는 것이다.

이전에 사업하며 개발하던 제품은 '사용자의 리뷰'를 수집하는 제품이었다. 의료기관을 이용한 사용자가 이용 경험을 남기면 리워드를 제공하는 제품으로 사용자의 리뷰를 모으기 어려웠던 의료 분야에서 리워드를 무기로 나름대로 새로운 방법의 도전을 준비했었다.

우리 팀은 다양한 병원 리뷰를 비롯해 특히 성형외과와 피부과에서 받은 시술 경험에 대한 리뷰 수를 늘리고 싶었다. 해당 진료과목은 부가가치가 높고 향후 비즈니스 모델을 만들기에도 적절할 것 같다는 판단이었다. 이때 팀은 '사용자가 리뷰를 작성하도록 만드는 것'에 집중하였다. 어떻게 하면 더 많은 사용자가 리뷰를 남기도록 만들까?라는 고민을 했다.

" 리워드를 제공해서 사람들에게 리뷰를 유도해 보자. 어떤 리워드가 적절할까?"

"커피 기프티콘 어떠세요? 사람들이 기프티콘 중에서도 유독 커피에 반응이 좋거든요."

리워드라는 아이디어가 도출되었고 이를 수단으로 많은 리뷰를 확보했다. 그리고 '사용자는 그동안 리워드를 제공하지 않아서 리뷰를 남기지 않았구나?'라는 생각을 하게 되었다. 소셜 미디어를 통해 대대적인 마케팅을 진행했고 예상보다 많은 리뷰가 모여갔다.

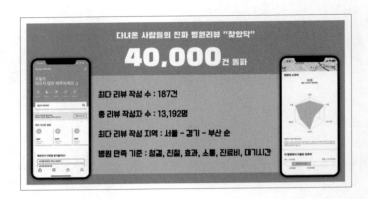

모여간 리뷰는 어느덧 4만 건이라는 수를 돌파했다. 생각보다 많이 누적된 리뷰에 뿌듯했다. 하지만 투자받은 자금 중 남아있는 돈을 생각하면 더 이상 이런 리워드를 지속하는 것은 무리였다.

그래서 리뷰 작성 즉시 등록된 휴대폰 번호로 리워드를 지급했던 것에서 포인트로 적립하고 누적된 포인트를 기프티콘으로 바꿀 수 있는 기능을 개발하거나 제품 생태계에서 포인트의 가치를 조절하여 리워드 규모를 적절히 조절해 나갔다.

하지만 리워드의 규모를 줄인 만큼 작성되는 리뷰의 수는 점점 줄어들었다. '리뷰를 모으는 것'이라는 결과인 'What'을 달성하기 위해 우리 팀은 'How'에 집중해 왔다. 하지만 명확한 'Why'가 없는 이러한 구조는 오래가지 못했다. 추가로 자금을 투입하지 못하면 더 이상 리뷰를 수집하는 것이 불가능했다. 구심점이나 명확한 비전이 부족했던 팀은 어느새 방향을 잃었고, 덩달아 터진 몇 번의 실수로 인해 그동안 모아둔 리뷰 데이터까지 한순간 다 날아가 버렸다. 사업은 그렇게 정리 수순을 밟아갔다.

만약 우리 팀이 'How'나 'What'이 아닌 'Why'에 집중했다면 어땠을까? '왜 대부분의 사용자가 시술 경험을 남기지 않는가?'를 끊임없이 질문하고 답을 찾는 과정을 거치고 비로소 그 근본적인 물음에 답할 수 있는 상황이 됐다면 위에서 언급했던 사업의 아이템이 아닌 다른 아이템이 채택되었을 수도 있고, 같은 비즈니스를 했더라도 더 나은 방향으로 가지 않았을까? 이러한 질문과 답의 끊임없는 과정이 바로 "왜?"를 찾는 과정이다.

'성형 시술 리뷰를 작성하는 것이 부끄러워서?', '리뷰를 작성해 봐야 혜택이 없어서?'와 같이 끊임없이 생각의 꼬리를 물고 본질적인 원인을 탐색하는 과정이 이루어지지 않다 보니 결과적으로는 지속 불가능한 '리워드 제공'이라는 방법(How)만 떠올렸을 뿐이다.

이와 같이 Why - How - What으로 이어지는 생각의 발산과 수렴 과정에 있어 가장 많은 시간을 할애해야 하는 시간이 바로 'Why'를 찾는 시간이다. 인사이트는 다양한 사람들을 관찰하며 얻을 수도 있고, 사용자 인터뷰를 통해 얻을 수도 있고, 개인의 경험을 기반으로 찾을 수도 있다. 이 과정이 정말 사업으로, 제품으로 개발되어 모두의 문제를 해결해 줄 수 있는지에 대한 '확신'의 과정이라고 봐도 좋다.

제품 담당자라면 이러한 고민의 시간이 충분해야 한다. 단순히 CS팀으로부터 문제가 유입된 것을 해결해 주거나 새로운 제품을 만들라는 상사의 지시로 일을 하는 것이 아니라 그 문제가 정말 문제인지를 생각해야 한다. 문제에 대해 제법 큰 틀의 그림이 완성되었거나 세부적인 것까지 확신이 생겼다면 이제 'How'를 찾고 해결책을 만들어볼 차례다.

앞선 과정에서처럼 병원을 다녀온 경험을 리뷰로 잘 남기지 않는 이유를 발견했다면 어떻게 해결해야 할지를 충분히 도출할 수 있을 것이다. 예를 들어 리뷰를 잘 남기지 않는 이유가 병원을 다녀온 후 리뷰를 남길 수 있다는 사실을 모르기 때문이면 리뷰를 남겨달라고 '알려주는 것'이다. 그렇다면 이 알림을 어떻게 제공할 것인지에 대해 고민하게 되고, 병원에 갔다는 사실과 병원에서 진료를 마치고 나왔다는 사실을 무엇으로 판단할 것인지에 대해서 고민하면 된다.

대부분의 리뷰는 다음 구매자나 서비스 이용자가 더 나은 선택을 하도록 하기 위해 작성한다. 또한 적절한 제품 내 생태계를 조성하기 위한 목적으로 활용되기도 한다. 이유가 명확한 경우에 그에 맞는 리워드를 제공하는 것도 좋다. 다만 사용자의 LTV(고객이 기업과 관계를 유지하는 동안 회사에 제공하는 가치의 총액을 의미)가 계산된 때에만 그 리워드를 적절하게 제공하기를 바란다. 비즈니스 모델(수익 모델)이 명확한 경우라면 무관하지만 적절한 비즈니스 모델이 없다면 리워드 정책을 장기간 지속하기는 매우 어렵다. 비즈니스 모델이 있다고 하더라도 장기간 지속되어야 하는 리워드는 상당한 부담이 될 수 있다.

간단한 사례를 들어 이야기했지만, 생각보다 'Why'를 찾아가는 과정은 그리 만만하지 않다.

6-6

하고 싶은 일과 해야 할 일

대부분의 제품 담당자는 '실패'를 두려워한다. 꼭 제품 담당자가 아니더라도 모든 사람은 실패를 걱정한다. 오히려 반대로 성공할 것이라는 자신감이 넘치는 경우도 있다. 긍정적인 자세를 견지하는 것도 매우 중요하지만, 위험에 대한 헤징(투자 활동에서 현물 가격 변동에 따른 손실을 줄이기 위해 선물이나 옵션 등으로 시장에서 현물과 반대되는 포지션을 가지는 것을 의미하는 용어로 위험에 대한 대비의 의미) 없이 무작정 달려가는 것 또한 주의해야 한다.

그래서 시장의 확실한 반응을 얻기 전까지는 불확실성을 염두에 두고 개발 산출물을 최소화(MVP)해야 한다는 것을 항상 상기해야 한다. 생각보다 많은 제품 담당자들이 '하고 싶은 일'을 주로 하는 경우가 있다. 해야 할 일을 고민하다 보면 누구에게나 '하고 싶은 일'이 생기게 된다. 해야 할 일이 곧 하고 싶은 일이라면 폭발적인 시너지가 발생하게 된다. 그러나 반대의 경우라면 문제다.

"스티브, 이번에 제품 개발 스프린트에 추가해 보고 싶은 일이 있는데 잠시 시간 괜찮으신가요?"

새로운 일을 제안하는 것을 비롯해 자유롭게 서로 의견을 나눌 수 있는 회사 문화에 만족스러워하고 있었다. 하지만 해당 PM의 의견을 듣는 것은 생각보다 어려운 일이었다. 본인의 의견이 정리되지 않은 상태이기 때문에 듣는 입장에서 다시 재정리를 해주고 피드백해야 하는 경우가 많았기 때문이다.

"스티브, 이번에 복약 알림 기능을 MVP로 만들어 보면 좋을 것 같아요. 토스(Toss)

에서도 비슷한 약 알림 기능을 개발했더라고요. 우리도 사용자들이 진료 후 약 알림 기능을 사용하면 지속해서 약 알림을 Push Message로 받게 되니까 사용자의 리텐션(Retention)에도 긍정적일 것 같아요."

위와 같은 의견에 몇 가지를 물었다. 토스는 왜 그 일을 했을까? 우리가 그들보다 잘할 수 있는 것은 무엇일까? 사용자는 왜 우리의 제품에서 약 알림을 받아야 할까? MVP 수준이라기엔 제품을 개발하는 데 필요한 공수(사람이나 기계가 할 수 있는 또는 한 일의 양을 수치로 표시한 것)가 많을 것 같은데 어느 정도의 목표 기대치와 성공, 실패의 기준이 있는가?

이러한 질문에 대해 깊이 고민해 보았다면 이미 준비된 내용을 공유해 주었을 것이다. 사실 당시의 팀 사정에서는 약 알림이라는 제품의 우선순위가 매우 낮았다. 해당 제품을 개발하는 것보다 우선순위가 높은 일이 아주 많다는 사실을 누구보다도 잘 알고 있었던 PM이기에 다시 한번 되물었다.

"솔직하게 답해주세요. 하고 싶은 일인가요. 아니면 해야 하는 일인가요? 우리에게 정말 우선순위가 높은 일인가요?"

금융 관련 도메인의 제품에서 만든 약 먹기 알림 기능보다 헬스케어라는 제품의 도메인에서 만든 약 먹기 알림이 더 어울리는 것은 사실이다. 다만 이러한 배경에서 도출된 제품이라면 있으면 좋은 것이지만 당장은 안 해도 되는 일에 가깝다. 이러한 판단을 왜 그는 하지 못했을까?

우리는 다양한 정보에 노출되어 있다. 그리고 다양한 제품을 매일 경험하며 살아간다. 그리고 그들의 훌륭한 제품을 바라보고 있으면 우리도 또한 이렇게 제품을 만들어야 한다고 생각하기 쉽다. 이러한 생각이 잘못된 것은 아니다. 다만 제품의 현재 상황, 제품의 유형, 시급성, 개발 난이도, 운영에 대한 비용 등 모든 것을 고려하여 제품의 우선순위를 정해야 한다. 해야 할 일을 생각하다 보면 하고 싶은 일이 생기게 되지만 모든 일이 다 성공할 것이라는 보장이 없다. 한정된 시간 동안 한정된 자원을 가지고 진행하는 비즈니스에서 잘못된 판단은 수억 원의 돈을 잃게 만들기도 하지만 더 중요한 것을 잃는다. 바로 '시간'과 그 시간을 잃음에 따라 함께 잃게 되는 '기회'다. 그렇기 때문에 더더욱 신중하게 고민하고 연구해야 하는 것이다.

이 논의가 이루어지는 배경은 무엇이고, 어떠한 Lesson learn(배움, 교훈의 의미로 미래의 행동에서 적극적으로 고려해야 하는 과거 활동에서 추출된 경험)이 있었으며 어떠한 전략을 기반으로 무엇을 달성하기 위해 어떻게 만들 것이고 성공과 실패의 기준은 무엇인지 PM과의 대화에서 얻을 수 있는 것은 아무것도 없었다.

분위기가 서먹하게 흘러가자, 해당 PM은 갑자기 다른 Figma 화면을 보여주고는 다음 스프린트에 이것을 만들어 보자고 새로운 주제의 이슈를 꺼내 들었다. 주제를 벗어나는 이야기가 거듭되고 목적 없는 대화가 이어지는 회의를 종료하는 것이 서로를 위해 좋겠다고 판단했고 대화는 그렇게 마무리되었다.

누구나 회사에서 제품에 대해 고민하다 보면 아이디어가 떠오른다. 그때 이것이 하고 싶은 일인지, 해야 하는 일인지를 잘 구분할 수 있어야 한다. PM은 의사결정을 하는 사람이다. 산더미처럼 쌓여 있는 일 중에 해야 할 것을 골라내고 우선순위를 부여하는 역할을 해야 한다. 무언가 불현듯 떠올라 이것을 해봐야겠다는 생각이 들었을 때 이렇게 생각해 보자.

> 1. 우리 회사의 방향과 일치하는가?
> 2. 사용자에게 정말 도움이 되는 일인가?
> 3. 내가 하고 싶은 일인가?
> 4. 더 나은 방법은 없는가?

위 네 가지 정도의 질문에 대한 고민을 해보고 비교적 가깝게 지내는 구성원에게 질문을 한 번이라도 해보면 어느 정도 방향의 옳고 그름과 가능성을 판단해 볼 수 있을 것이다.

VOC(Voice of Customer)

우리가 '제품을 기획한다'라는 행위를 할 때는 보통 두 가지 상황을 기반으로 시작된다. 첫 번째는 문제를 해결하기 위한 새로운 무언가를 창조해 내는 과정이고, 두 번째는 기존의 제품을 개선하는 과정이다. 제품을 기획할 때 두 가지의 상황에서 '문제점'을 도출하게 될 것이고, 그 문제는 누구로부터 발생하는 문제인지, 그 문제가 해결될 때 누가 대상이 되며 만족할지를 찾는 과정을 거친다.

결국 여기에서 '누구'는 '고객' 혹은 '사용자'가 된다. 그래서 기획에서 중요한 것 중 한 가지가 바로 '고객의 목소리를 듣는 것'이다. 제품 기획의 과정은 앞서 언급한 사용자의 특성과 니즈를 바탕으로 가설을 수립하고, MVP를 통해 시장에서 고객들이 반응할 수 있는 제품인지 검증하는 것이다. 그리고 제품을 론칭한 후에 데이터를 확인하여 다음 고도화 방향을 정한다.

다만 충분히 가설의 검증을 거쳐 사용자 중심의 제품을 개발하여 배포하더라도 VOC(Voice of Customer)는 반대인 경우가 있다. 즉, 기대와 반대 결과가 나타나는 것이다. 하지만 이런 상황에 대해 대부분의 팀은 반대 방향의 VOC를 듣더라도 무시하거나 우선순위를 낮추어 버리기도 한다. 의미 있는 CS의 인입을 '건수가 적으니 전체적인 임팩트가 낮다'라는 식으로 뭉개버리는 것이다. 그러면 왜 VOC를 가볍게 보는 사례가 나타나게 될까?

하나는 팀이 너무나 빠른 속도로 앞을 향해 나아가고 있을 때 팀의 방향을 급하게 변경할 경우 너무나 빠른 변경 때문에 팀의 분위기가 저하되거나 더 나아가 동기부여가 떨어지는 것을 걱정하기 때문이다.

다른 하나는 C-Level을 비롯한 상위 관리자의 의견이 너무나 강한 경우로 최초에 설계된 기획의 방향은 온데간데없이 사라졌기 때문이며 이 경우가 최악의 상황일 것이다. 'VOC 따위는 신경 쓰지 말고 그냥 우리가 생각한 게 답이다!'라고, 생각하는 경우이니 이러한 경우라면 사실 마땅한 답이 없다고 생각해도 된다. 적절히 의견을 내고 그 의견을 상위 관리자에게 전달할 수 있는 중간 관리자를 설득하여 문제를 해결하는 방법이 가장 낫지만 대부분 아무리 이야기해도 들어줄 리가 만무하기 때문이다. 내 주변에도 이러한 경영자들이 수없이 많다.

마지막은 수집된 VOC의 수가 방향을 선회할 만큼 충분하지 않기 때문이다. 하지만 수의 많고 적음은 중요하지 않다. 대다수의 사용자가 문제가 발생했을 때 우리에게 Report해 줄 것이라는 기대는 너무나 자만한 것이다.

대다수의 사용자는 제품에 문제가 발생했을 때 더 이상 사용하지 않는다. 만약 고가의 가전제품을 구매했는데 동작하지 않는다면 서비스 센터를 찾아가 A/S를 요구할 것이다. 그러지 않는다면 최소한 고객센터에 전화해서 환불을 비롯해 문제 상황을 해결할 방법을 찾아본다. 하지만 대체재가 충분하고 게다가 무료로 사용이 가능한 IT 제품이라면 더 이상 사용하지 않는 경우가 사용자 입장에서는 가장 빠른 해결 방법이다.

실질적으로 우리의 제품을 더 고도화하기 위해 제품을 기획하고 제품을 사용자에게 Delivery하는 과정에서 VOC를 어디까지 들어야 하고 의미 있는 VOC를 어떻게 선별해 낼 수 있을까? 그리고 제품 기획의 방향과 전혀 반대 방향인 VOC가 발생할 때 어떠한 선택을 해야 할까?

우선 이를 잘 해내기 위해서는 'VOC를 대하는 인식'을 먼저 개선해야 한다. 즉, 발생할 수 있는 VOC를 사전에 예측해 두고 들어온 문제의 수를 단순히 총량으로 파악하여 추이만 보고 그에 따라 대처할 것이 아니라 실질적인 고객의 문제를 제품이 해결해 주고 있는지에 대해 파악할 수 있는 역할을 할 수 있도록 만들어야 한다.

"제품 개발은 보유한 기술로 무엇을 만들 것인가로부터 시작하여서는 안 되고, 고객 경험에서 시작하여 거꾸로 기술을 활용해야 한다."라고 애플의 창업자인 스티브 잡스가 말한 바 있다. 고객이 무엇을 가장 필요로 하는가에 대해 집요하게 질문하고 답할 수 있어야 한다.

그 답은 제품을 통해 그 필요를 해결하는 것이며, 고객이 자각하지 못하는 것까지도 끊임없는 관찰을 통해서 발견해 낼 수 있다는 것이다. VOC로 수집된 고객의 요구를 우리는 무시해서는 안 된다. 그 수의 많고 적음이 중요한 것이 아니라 고객 문제를 끌어내는 실마리라고 생각한다면 지금과는 다른 시각으로 그 문제를 바라볼 수 있을 것이다.

6-8

MVP를 만들 때 고려해야 하는 것

아무래도 제품을 개발하는 사람들은 두세 번 반복해서 개선 작업을 하는 것을 꺼리기 때문에 한 번에 제대로 만들고 싶어 하거나 한 번에 성공하기를 바라는 경우가 많다. 하지만 앞서 이야기한 것처럼 사용자의 진정한 니즈를 해결하는 제품이 완성도 있게 만들어지려면 MVP를 출시하고 이를 반복하는 과정을 통해 제품을 고도화하는 것이 성공의 확률을 높일 수 있는 방법이라는 사실을 이해했을 것이다. 그렇다면 MVP를 개발하기 위한 기획 단계에서 고려해야 할 것은 무엇이 있을까?

제품을 개발할 때 가장 먼저 해야 하는 일은 당연하게도 회사의 방향과 사용자의 방향을 파악하는 것이다. 회사의 이익을 위해 사용자의 이익을 침해하지는 않는지를 파악해야 한다. 그렇다고 사용자의 이익만을 위해 회사가 계속 손해를 볼 수도 없다. 이를 균형 있게 조율하는 것이 중요하다. 비대면 진료 제품을 개발하면서 위와 같은 상황을 마주했던 예가 있다.

"스티브, 아무래도 우리 제품에서 결제 수단을 사전에 등록하는 기능이 사용자에게 큰 허들인 것 같아요. 간편결제를 추가해 보면 어떨까요?"

기존에 사용하고 있던 결제 수단의 장점은 거래 과정에서 사용자와 병원을 직접 온라인 결제로 이어주는 방식이라 회사의 입장에서는 별도로 결제 대금을 병원별로 정산해 주는 문제나 세금 관련 이슈가 없었다는 점이다. 하지만 사용자에게는 등록할 수 있는 카드 종류가 제한되어 있었고, 본인인증 절차를 비롯해 카드번호부터 유효기간까지 모든 정보를 입력해야 등록이 가능하다는 불편함이 있었다.

사용자의 불편함을 개선하려면 간편결제를 추가해야 하고, 간편결제를 추가하면 회사가 결제받고 그 금액을 각 병원에 정산해야 한다. 의료법상 진료라는 행위 과정에서 비즈니스 모델(수익 모델)을 만드는 것이 불가능하므로 결제 과정에서 발생하는 결제 금액은 고스란히 매출로 잡힌다. 이에 따라 실제 회사의 매출도 아닌 금액에 대해 정기적으로 부가세를 납부해야 하고, 부가세를 차감하지 않은 전체 결제 금액을 각 병원에 정산해야 하는 이슈가 생긴다. 따라서 회사는 부가세라는 금액을 아무런 대가 없이 서비스 운영을 위해 지불하게 되는 것이다.

간편결제를 추가하면 사용자의 결제 경험은 좋아질 것이다. 아무래도 기존에 온라인 결제 경험이 있던 사용자에게 익숙할 것이기 때문이다. 하지만 병원 역시 사용자다. 제품은 양면 시장을 다루는 플랫폼이기 때문에 결제 후 정산을 받아보는 병원의 입장에서는 플랫폼을 도입함으로 인해서 정산 루트가 증가하게 되고 각각의 플랫폼별 정산이 제대로 이루어졌는지 확인해야 하는데 간편결제가 추가되면 그만큼의 정산 확인 작업이 추가되는 불편함이 발생하게 되는 것이다.

두 번째로 고려해야 할 것은 제품과 관련된 법률적 이슈다. 앞서 이야기한 것과 같이 헬스케어 비즈니스에서는 의료법을 준수해야 한다. 어느 비즈니스 분야이건 당연히 해당 분야의 법률은 반드시 지켜야 한다. 의료법 외에 전자금융거래법에 따라 정산을 해주는 것 자체가 불법에 해당한다. 따라서 회사가 정산을 해주려면 전자금융거래법에 따라 정당하게 정산을 해줄 수 있는 지위를 획득하거나 정산 대행 서비스를 이용해야 한다.
하지만 이 역시 결제 수단을 제공하는 회사마다 비용이 발생하게 되어 배보다 배꼽이 커지는 경우가 있다. 이뿐만 아니라 법률 리스크에 대하여 꼼꼼하게 살펴보지 않으면 회사가 아니라 회사를 통해 서비스를 이용한 사용자가 피해를 보는 사례도 발생하게 된다.

세 번째로 고려해야 할 사항은 개발 난이도다. 아무리 취지가 좋더라도 결국 제품을 만드는 조직에서는 개발이라는 과정을 통해서 결과를 창출해 내야 한다. 회사가 이제 막 시작한 경우라면 큰 문제는 없다. 어차피 새롭게 만드는 것이기 때문에 크게 고려할 사항이 많지 않다. 하지만 어느 정도 업력이 쌓인 회사는 레거시가 존재한다. 레거시란 회사가 운영되어 옴에 따라 누적되어 온 다양한 기술적 부채를 의미한다.

많은 개발자와 협업해 보면서 느낀 것은 기존에 만들어진 것을 유지, 보수하거나 개선하는 과제를 딱히 좋아하지 않는다는 것이다. 심지어 본인이 만든 것조차 새로운 기능을 추가하는 것에 대해 극도로 꺼리는 경우가 있다.
그래서 아예 새로 만들자는 이야기를 가장 많이 하기도 한다. 그도 그럴 것이 A라는 구조로 설계한 제품이 시간이 지남에 따라 새로운 기능을 요구하게 되어 구조적인 한계에 봉착한다면 새로운 요구사항을 모두 수용할 수 있는 구조로 개편해야 하기 때문이다.

개발자들이 제품 담당자의 요구를 들어주지 않는 것이 아니라 제품 담당자의 요구를 들어줄 수 없는 경우가 더 많은 것이다. 제품을 개발할 때는 개발팀과의 협업이 무엇보다도 중요하다. 앞서 이야기한 세 가지는 어떠한 주제를 기반으로 일을 진행하더라도 항상 꼼꼼하게 챙겨보아야 한다. 특히 최근에는 개인정보보호법을 비롯해 다양한 사례에 사용자로부터 동의를 요구하고 허락을 얻어야 하는 경우가 많다. 따라서 동의 내용의 세부적인 사항까지도 꼼꼼하게 살펴볼 수 있어야 한다.

지금까지 문제에 대한 정의부터 가설과 검증을 비롯해 본질적인 물음을 통해

MVP를 수행하는 과정에 대해 이야기해 왔다. 그렇다면 일의 진행에 앞서 구성원들과 원만하고 합리적으로 의견을 모아갈 수 있을까? 앞으로는 우선순위를 정하는 과정과 이 과정에서 사용되는 프레임워크(어떤 목적을 달성하기 위해 복잡한 문제를 해결하기 위한 구조로 일정한 틀과 뼈대를 가지고 일한다는 뜻)에 대해 이야기해 보고자 한다.

07

우선순위를 정하는
방법

7-1

의견 일치를 만드는 프레임워크

성공적인 MVP를 출시하기 위해서 제품 담당자들은 여러 가지를 고민하게 된다. 그렇다면 이들의 고민 중 가장 많은 부분을 차지하는 것은 무엇일까? 제품 담당자들의 가장 많은 고민이 "무엇을 해야 할까?"일 거라고 생각할 수 있겠지만 보통 신규 프로젝트나 기존 프로젝트를 완전하게 개선하는 경우가 아니면 대부분은 해야 할 일을 찾는 게 아니라 해야 할 일이 이미 정해져 있는 경우가 많다. 그래서 "무엇을 해야 할까?"보다는 "무엇부터 해야 할까?"라는 우선순위에 대한 고민을 많이 하게 된다.

구성원 간 수평적 관계를 지향하는 스타트업에서는 이러한 토론 문화가 잘 정착되어 있는 경우가 많다. 그래서 제품과 떼어쓰기 두 칸인지 확인 부탁드립니다. 항상 수많은 구성원의 질문이 발생하게 되고 PO, PM은 이에 충분한 답을 제공할 수 있어야 한다.

이 토론을 부정적인 논쟁으로 생각할 수도 있겠지만 대부분 경험했던 바에 따르면 생산적인 토론이었다. 제품 담당자는 이러한 과정에서 발생하는 '토론이나 논쟁'을 부정적으로 해석하거나 바라보지 않는 것이 좋다.
스타트업의 기본은 '생존'이다. 생존 전문가가 있지 않는 이상 모든 의견은 공평하게 받아들여져야 하고 가장 임팩트가 큰 것을 선택하여 추진하는 것이 중요하다. 제품 개발을 위해서는 반드시 의견을 모으는 과정이 필요하고 이 과정에서는 발산과 수렴이 수없이 반복될 수밖에 없다. 따라서 논쟁은 자연스러운 현상이고 이 과정에서 더 나은 방향을 찾는 것이 제품 담당자의 역할이다.

때로는 의견의 발산과 수렴 과정을 실제로 겪다 보면 그다지 유익하지 않다는 결론에 도달하기도 한다. 뛰어난 인사이트를 얻기 힘들기도 하지만 내부 구성원의 경우 하나의 제품과 방향에만 오랜 시간 동안 매몰되어 있는 상태가 지속되다 보니 각자의 생각이 미치는 범위가 비슷하기 때문이다.
10명 정도의 구성원이 한 가지씩 아이디어를 낸다면 이것 중에 무엇이 우선인지를 비교하며 시간을 보내는 일에 생각보다 많은 에너지를 낭비하게 될 수도 있다. 생각보다 사소한 문제에 대해 집착하게 되고 이것이 논쟁거리가 되곤 하기 때문이다. 이러한 경우에 제품 담당자는 본질에 집중할 수 있도록 하고 전체적인 회의 방향이 흐트러지지 않도록 조율해야 한다.

제품 관리자가 어떠한 문제를 마주했을 때 해결하는 방법은 다양할 수 있다. 하지만 언제나 올바른 판단을 할 수는 없고, 또 모든 구성원이 제품 관리자가 제시한 해결 방안에 항상 동의하는 것도 아니다. 해결 방법의 난이도가 높거나 추진력이 필요할 때 구성원으로부터 다양한 의견을 수렴하는 과정을 거쳐 일을 진행하다 보면 어렵다고만 생각했던 일을 빠르게 해결하는 데 도움이 되는 경우가 많다.

이 경우라면 상호 간의 의견 일치 과정을 통해 빠른 합의를 만들어 내고 이러한 합의 과정을 통해 제품을 개선하는 속도를 높일 수 있는 동기가 발생할 수 있다. 그래서 가끔 업무 추진 과정에서 개선 난이도가 높아 해결에 필요한 시간이 길어지는 것이 걱정되거나 이로 인해 제품 개선 방안을 공유하는 것이 망설여질 때 구성원들과 논의하고 모든 구성원이 스스로 꺼낸 아이디어를 통해 함께 문제를 해결하도록 만드는 방법을 주로 사용하여 일치된 의견을 기반으로 업무를 추진하면 제품 담당자의 심리적 부담을 덜 수 있다.

7-2

ICE Scoring

그러면 조금 더 객관적으로 의견을 빠르게 모으는 방법이 있을까? 여기에서 소개할 방법은 ICE Scoring이라는 방법이다. ICE라는 세 가지 항목을 기반으로 점수화하는 것으로 1부터 10까지의 점수를 항목별로 매기고, 이를 아래의 계산식으로 계산한다.

ICE score = Impact * Confidence * Ease

I: Impact
C: Confidence
E: Ease

I는 Impact의 약자로 기업의 목표 또는 사용자에게 얼마나 영향을 미치는가를 측정한다. C는 Confidence의 약자로 이 주제에 대해 얼마나 확신이 있는가를 측정하는데 '성공, 실패' 가능성을 두고 점수화한다. 그리고 E는 Ease의 약자로 달성, 개발이 얼마나 쉬운가에 대해 점수화하는데 간혹 이를 달성 또는 개발의 기간으로 측정하기도 한다. 결국 제품을 만드는 과정에서 Ease의 점수가 높다는 것은 그만큼 개발이 쉽다는 것이고, 개발이 쉽다는 것은 빠른 개발이 가능하다는 뜻이다.

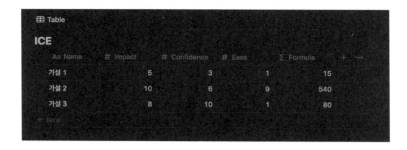

Aa Name	# Impact	# Confidence	# Ease	Σ Formula
가설 1	5	3	1	15
가설 2	10	6	9	540
가설 3	8	10	1	80

세 가지 수치의 곱을 통해 계산된 결괏값이 큰 순서대로 나열한다. 이것이 업무를 진행하는 우선순위가 된다. 일부 계산 방법에 대해서는 다른 시각이 있으나 결국 세 가지 항목의 숫자가 큰 것이 높은 우선순위를 갖는 것임에는 변함이 없다. Impact와 Confidence를 곱한 값을 Ease로 나누는 방식을 제안하는 곳도 있으니 참고해 보면 좋겠다.

7-3

우선순위를 정한다

현업에서 일하고 있는 제품 관리자가 겪는 힘든 일 중 커뮤니케이션만큼 난이도가 높은 것이 우선순위를 정하는 것이다. 14년째 이 일을 하는 나에게도 이것이 항상 어려운 이유는 스스로 '확신'을 갖고 그 확신을 상대에게 '전달'해야 하는데 이 과정에서 '논리적'인 설득이 필요하기 때문이다.

내가 100이라는 확신을 두고 상대에게 전달해도 상대는 50만큼을 받아들일 것이다. 물론 그보다 더 적을 수도 있다. 100의 확신을 전달해서 100 이상을 만들 수 있다면 좋겠지만 현실은 그렇지 않은 경우가 많다. 그래서 가급적 논리적인 설득이 필요하다. ICE라는 것을 통해서 우선순위를 정하는 방법에 관해 이야기했다. 그렇다면 이보다 더 정교한 방법이나 다른 방식은 없을까?

Jira에 쌓여있는 백로그를 보면 한숨이 나올 때가 많다. 해야 할 일은 산더미인데 아무래도 리소스가 문제일 것이다. 이러한 작업의 우선순위를 정하고 조율하는 일은 가장 중요한 업무다. 제품을 만드는 시간보다 아이디어가 도출되는 시간이 당연히 빠르기 때문이다. 그리고 이미 배포된 제품에 대해서 사용자의 피드백이 오는 속도도 점점 빨라진다. 그렇다면 개선할 일이 산더미인 상태에서 어떠한 방법을 쓰는 것이 우리 제품에 도움이 될까. 그리고 우선순위를 정하는 데 더 합리적일까?

7-4

모스코우 MoSCoW

모스코우를 한마디로 요약하자면 복잡도가 낮은 제품을 위한 간단한 우선순위 프레임워크라고 이야기할 수 있다. 모스코우 매트릭스는 네 가지의 구역으로 나누어진 박스에 각각 Must Have, Should Have, Could Have, Won't Have를 나누어 표기한다.

아래 이미지는 Figma의 AI Generator를 활용해서 만든 화면이다. Won't Have는 표기되지 않는다. 방법론 자체에서도 요구사항의 가치가 상대적으로 낮아 개발을 진행하지 않을 내용에 해당하기 때문에 표기하지 않는 경우가 있다.

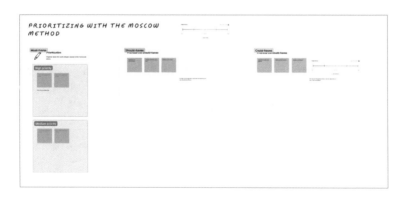

Must Have 영역은 또다시 두 가지로 구분할 수 있을 것이다. 반드시 해야 할 것들 중에서도 우선순위가 높은 것과 낮은 것으로 말이다.

이 영역에는 론칭 때 반드시 필요한 것들을 담는다.

이커머스에서 제품을 보여주는 화면이나 결제 화면 등 기본적으로 갖추어야 할 '구색'이 여기에 해당한다. 만약 제품을 고도화하는 과정이라면 개선할 기능 중에서도 목표 달성을 위해 또는 문제 해결을 위해 반드시 필요한 것만 이 영역에 담는다.

Should Have는 존재해야 하는 기능이지만 제품을 론칭하는 데 있어서 이번 배포가 아닌 다음 배포 일정에 유저에게 전달하더라도 무방한 것을 담는 곳이다.

Could Have는 있으면 좋고 없어도 되는 것에 해당한다. 경험상 Should Have와 Could Have의 차이는 이번 배포 일정이 빠듯해서 어쩔 수 없이 빠지는 항목들이 Should Have에 해당하고, 언젠가 있으면 좋을 것 같은 아이디어 정도 수준의 것들이 Could Have에 포함되어 향후 고도화 과제로 남겨지는 경우가 많았다.

MoSCoW는 ICE와 달리 계산 과정이 포함되지 않아 시각적으로 객관화되어 있다고 보기 어려울 수 있고 우선순위를 정하는 과정에서 입김이 강한 사람의 의견을 중심으로 진행될 가능성이 높다는 단점이 있다. 그래서 투표 기능을 제공하는 방법도 좋다.

Figma Jam에서 만든 MoSCoW Method Template은 투표 기능을 제공해서 참여한 구성원들이 각각의 아이디어에 대해 투표할 수 있다.

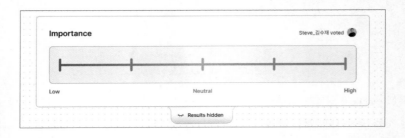

그래서 위 기능으로 팀원들이 생각하는 중요도를 시각화하여 구성원 간의 합의를 이끌어낼 수 있다.

ICE나 MoSCoW 외에도 KANO라는 우선순위 도출 방법도 존재한다. 카노 프레임워크는 카노 노리아키(狩野紀昭)라는 도쿄 이과대학 명예교수에 의해 1980년대에 개발된 방법으로 매력적인 품질과 당연한 품질을 구별하는 우선순위의 구별 방법이다. 소비자들은 제품의 여러 가지 세세한 부분에 대해서 불만을 가지고 있음에도 불구하고 어느 정도 충분한 경우에는 그것을 당연하다고 느끼고, 다시 새로운 것에 대한 만족감을 느끼지 못하는 '한계효용의 법칙'을 따른다.

이런 상황을 설명하기 위해 카노는 상품의 품질에 대한 이원적인 인식 방법의 모델을 제시했다. 만족하는 것 또는 불만족하는 것이라는 주관적 측면과 함께 물리적 충족 혹은 불충족이라는 객관적 측면을 함께 고려하여 모델로 만들었다.

이 기법은 제품을 개발하는 과정에서 고객의 만족도를 인터뷰해 우선순위가 높은 것을 파악하는데, 인터뷰 방법은 직접 인터뷰를 진행하는 방식과 설문을 배포하여 결과를 수집하는 방법 두 가지가 있다. 대부분 시간과 비용을 최소화하기 위해서 설문을 배포하여 유저가 원하는 기능을 수집하고 작성된 내용을 기반으로 아래와 같이 정리한다.

1. 매력적 품질요소(Attractive Quality Element): 충족되는 경우 만족을 주지만 충족이 안 되더라도 크게 불만 없는 품질요소이다.

2. 일차원적 품질요소(One-Dimensional Quality Element): 충족이 되면 만족하고 충족되지 않으면 고객들의 불만을 일으키는 품질요소이다.

3. 당위적 품질요소(Must-Be Quality Element): 반드시 있어야만 만족하는 품질요소이다.

4. 무차별 품질요소(Indifferent Quality Element): 만족하는 것과 만족하지 못하는 것 사이에 품질의 차이가 느껴지지 않는 요소이다.

5. 역품질요소(Reverse Quality Element): 충족되면 불만족을 일으키고 충족되지 못하면 만족되는 거꾸로 된 요소이다.

의사결정 과정은 프레임워크를 적절하게 사용하는 것도 중요하지만 참여자인 구성원들의 적극적 참여가 부족하다면 형식적인 의견 공유에 지나지 않을 것이다. 구성원이 적극 참여할 수 있도록 경청하고 의견이 반영될 수 있도록 독려하는 것이 중요하다. 중요하지 않은 이야기라고 해서 구성원의 말을 끊거나 의견을 무시하는 행위는 적절하지 않다.

08

사용자에게
전달되는 가치

8-1

핵심 이벤트부터 명확하게 정립한다

우리가 가치를 전달하는 것과 함께 기억해야 할 간단한 개념이 있다. 바로 핵심 이벤트라는 것이다. 핵심 이벤트(Key Event)는 Critical Event로 바꿔 부르기도 한다.

우리는 흔히 앱을 재사용하는 것과 그 주기에만 신경 쓰는 경우가 많다. 사용자의 제품 '재사용' 행위가 발생하는 것은 사용자가 제품에 '가치'를 느끼기 때문이라고 해석할 수 있다. 이렇게 판단하는 이유는 생각보다 간단하게 우리 각자의 삶에서도 힌트를 얻을 수 있다.

집 근처에 삼겹살을 판매하는 식당이 새로 생겼다. 새로 생긴 삼겹살 식당에서 리뷰를 남겨주면 소주 한 병과 고기 1인분을 추가로 제공하는 이벤트를 진행하고 있다. 쉽게 고기 1인분과 소주 한 병을 제공받는다니 즐거운 마음으로 방문했다.

그런데 고기가 너무 맛이 없다. 서비스도 엉망이다. 홀은 지저분하고 정신이 없다. 아마도 이 가게에는 다시 방문하지 않을 것이다. 제품도 마찬가지다. 무언가 나의 문제를 해결해 줄 것이라는 기대를 하고 왔는데 아무런 가치가 없다는 것을 사용자는 아주 빠르게 캐치한다. 그리고 제품을 더 이상 사용하지 않는다.

여기서 가치는 곧 문제를 해결해 주는 해결책이며 그 해결책이 담겨있는 제품의 주요 기능을 말한다. 그리고 이 기능을 다시 사용하기 위해서 사용자는 다시 앱을 켜고 다양한 행동을 한다.

결국 '핵심 이벤트'란 사용자가 제품을 사용하면서 취하기를 기대하는 액션으로 제품이 전달하고자 하는 핵심 가치와 같다. 사용자에게 원하는 행동을 사용자가 하도록 만드는 무언가가 있다면 이것이 바로 '핵심 이벤트'다. 회사의 제품별로 핵심 이벤트는 아래와 같이 정의할 수 있다.

Company	What Users do	Critical Event
여행 앱	숙소 찾고 예약하기	숙소 예약
병원 예약 앱	병원 찾고 예약하기	병원 예약
음식 배달 앱	음식 찾고 주문하기	음식 주문

결과적으로 핵심 이벤트라는 것은 유저가 어떤 행동을 하기를 바라는 것으로 이것을 기준으로 리텐션(Retention)을 측정해야 진정으로 활성화된 유저가 재방문하고 잔존해 있는 것이라 이야기할 수 있다. 그래서 리텐션(Retention)이 발생한다는 것은 사용자가 제품에 대해 가치를 느끼는 것이며 리텐션(Retention)은 핵심 이벤트를 사용자가 수행하는 것으로부터 시작된다.

8-2

가능한 한 한 가지로 정한다

제품에서 정의하는 핵심 이벤트는 한 가지인 것이 가장 좋다. 여러 가지의 액션을 요구한다는 것은 사용자에게 너무 많은 기대를 하는 것이기 때문이다. 그래서 사용자에게 핵심 이벤트 수를 다양하게 요구하는 제품일수록 제품의 성공 가능성은 낮아지고 성공까지 도달하는 시간은 길어진다.

핵심 이벤트 수가 여러 가지라는 것은 회사가 여러 가지 제품을 만들고 있다는 뜻이다. 이는 리소스를 분산시키고 분산된 리소스로 인해 무엇 하나 제대로 되지 않을 가능성을 높인다. 간혹 두 가지 이상의 핵심 이벤트를 가질 수도 있다. 그러나 이 경우는 한 가지 제품 내에 두 가지의 핵심 이벤트가 존재하는 것이 아니라 양면 또는 다면 시장에서 플랫폼에 참여한 공급자와 수요자 각각의 핵심 이벤트가 다른 경우를 의미한다.

예를 들어서 '병원을 예약하기 위한 앱'을 통해서 병원을 예약하고자 하는 사용자와 플랫폼을 통해 예약받고자 하는 병원처럼 수요자와 공급자가 원하는 액션이 각각 다른 경우를 의미한다.

아래의 표는 수요자만 있던 앞선 내용에 공급자가 함께 있는 경우로 핵심 이벤트가 두 가지 이상인 경우를 보여준다.

Company	What Users do	수요자	공급자
여행 앱	숙소 찾고 예약하기	숙소 예약	숙소 이용객 확보 = 매출
병원 예약 앱	병원 찾고 예약하기	병원 예약	예약 환자 확보 = 매출
음식 배달 앱	음식 찾고 주문하기	음식 주문	음식 판매 = 매출

위와 같이 제품 한 가지에는 하나의 핵심 이벤트가 존재하고 때에 따라 두 가지가 존재할 수 있지만 수요, 공급의 입장에 따라서는 한 가지씩만 존재한다는 사실을 주목해야 한다. 제품 담당자가 핵심 이벤트를 명확하게 이해하지 못하면 제품이 산으로 가는 경우가 많다. 실제로 이 명확한 핵심 이벤트를 알면서도 곁가지에 집중하는 경우도 많다.

사용자가 우리의 제품을 왜 써야 하는지 제품 담당자가 명확하게 이해하지 못하면 다른 맥락의 제품으로 변하고 제품은 중심을 잃게 된다. 나는 개인적으로 B 제품에서 진행했던 유전자 검사와 각종 앱에서 만들고 있는 포인트 기능을 항상 언급한다. 금융 플랫폼의 B사는 다양한 기능을 개발해 왔다. 그중에 많은 사람들의 관심을 끌었던 기능이 바로 유전자 검사다.

매일 10시 선착순으로 들어온 사람들을 대상으로 무료로 유전자 검사 도구를 보내주고 회수된 키트를 분석해 유전자 검사 결과를 제공한다. 많은 관심을 끌기에 좋으며, 잘 만든 제품이라는 것에는 이견이 없다. 다만 본질에 가까운 일인지에 대해서 의문이 있다. B사 제품의 본질은 금융이다. 유전자 검사는 헬스케어 영역이다. 두 영역이 잘 융합한다면 좋겠지만 아무리 봐도 분리된 영역과 경험을 제공한다.

사용자는 어떨까? 흥미롭게 유전자 검사를 받고, 결과를 확인한다. 그리고 끝이 아닐까? 자연스럽게 B사의 제품을 더 사용할 수 있도록 만드는 것, 본질적인 온보딩을 가능하게 하는 것보다는 단순히 트래픽을 확보하는 것에 치중된 것이 아닌가 싶다. 포인트를 제공하는 기능도 마찬가지다. 출석 체크처럼 자주 방문할수록 더 많은 포인트를 주거나, 친구를 초대하면 포인트를 제공하는 제품이 많다.

물론 바이럴루프(Viral Growth가 Loop로 무한히 연결된 것을 의미, 입소문으로도 부른다.)를 만들어서 한 명의 사용자가 여러 사용자를 유치하여 마케팅 비용을 줄이는 제품 성장(Growth) 전략이 잘못된 것은 아니다. 단순히 커피 쿠폰과 같은 리워드로는 제품 성장에 한계가 있다는 것을 잘 알지만 가장 빠르고 즉각적인 효과가 나오는 방법이기 때문에 이러한 무리수를 두는 경우가 많이 발생한다. 그리고 결국 이렇게 리워드를 기반으로 모인 사용자는 이탈도 그만큼 쉽다는 것을 뒤늦게 깨닫게 된다.

일부 리워드형 제품이 포인트를 지급하고 광고를 시청하게 하는 등의 과정으로 매출도 발생시키고 회사의 가치도 성장시켰다 하더라도 우리 제품과 유형이 같지 않은 이상 이러한 전략이 소비자에게 통할 리가 없기 때문이다. 핵심 이벤트를 명확히 한다면 위와 같은 불필요한 기능을 개발하는 것에 자원을 낭비할 이유가 없다. 그 핵심 이벤트로 전환될 수 있도록 사용자의 행동을 분석하고 밖에 나가 인터뷰하고 더 나은 경험을 제공하는 것에 더 많은 투자가 필요하다.

8-3

제품의 사용 주기를 찾는다

우리 제품에 대한 이해도를 이야기하기 위해 사용자들이 얼마나 자주 우리 제품을 이용하고 있는지에 대해서 측정하고자 할 때가 있다. 다양한 방법을 통해서 주기를 찾을 수 있지만 앰플리튜드를 추천한다. 비교적 편리하게 Funnel(구매 여정이나 가입 절차 등에서 사람들이 빠져나가는 지점을 정확히 알고 잠재 고객을 유입시켜 매출로 전환시키는 마케팅의 핵심 전략)이나 retention 같은 지표를 확인할 수 있고 제품이 지속해서 고도화되어 옴에 따라서 다양한 기능을 제공하고 있기 때문이다.

회사에서 다루고 있는 제품의 사용 주기를 앰플리튜드로 측정해 보았다. retention 차트를 생성하고 Measured as "Usage Interval" 옵션을 설정하면 아래와 같이 사용자의 재사용 주기를 확인할 수 있다.

특정 기간 내 적어도 두 번 이상 핵심 이벤트를 반복적으로 수행한 사용자를 파악하기 위해서는 기준 일자가 필요하다. 앰플리튜드는 이 기간을 60일로 설정하기를 추천하고 있다.

앰플리튜드는 60일 내 핵심 이벤트를 재수행한 사용자들의 80%가 해당 이벤트를 수행하는 주기가 분포함수의 변곡점이라는 것을 발견하고, 이 지점을 제품의 일반적인 사용 주기로 정의하고 있다.

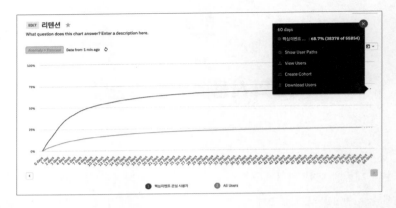

위 그림 차트를 보면 68.7%의 사용자가 60일 시점에 핵심 이벤트를 재사용하는 것을 알 수 있다. 사용자가 다시 돌아와서 핵심 이벤트를 두 번째로 수행하는 데 걸리는 시간은 다음과 같이 계산한다.

$$68.7 \times 80\% = 54.96\%$$

계산 결과 54.96%라는 숫자를 얻었다. 다시 그래프에서 54.96%와 유사한 지점을 찾는다.

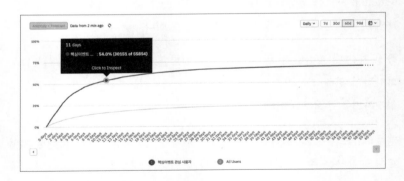

확인 결과 11일이라는 지점이 54.96%와 가장 근사치인 54.0%를 보인다. 따라서 사용자가 다시 돌아와서 핵심 이벤트를 두 번째로 수행하는 데 걸리는 시간이 11일이라는 것을 찾을 수 있었다. 이때 중요한 것은 전체 사용자를 대상으로 하는 것보다 핵심 이벤트를 기준으로 측정한다는 것이다. 핵심 이벤트가 아닌 단순 사용자의 재방문 주기를 측정하는 것은 큰 의미가 없다.

사실 제품의 사용 주기에 대해 이야기한 것은 실제로 많은 사람들이 제품의 재사용 주기를 잘 모르기 때문이다. 헬스케어 도메인에서 병원을 찾는 사용자가 얼마나 될지 예상해 보자. 당신은 일 년에 몇 번이나 병원에 가는가? 아마 다섯 손가락 안으로 생각할 수도 있고 그보다 더 될 수 있다.

실제 통계는 아무래도 고위험 질병을 겪는 사람들이 많다 보니 과장되었을 수 있지만 우리나라 국민 한 명이 연간 20회 정도 병원에 방문하는 것으로 조사되어 있다. 일반적으로 연간 5~10회 정도 병원에 방문하여 진료를 받는다고 하더라도 2~3개월에 한 번 정도는 병원 방문을 위한 제품을 사용자에게 제공하게 된다.

2~3개월이라고 하면 상당히 멀게 느끼겠지만 모두가 같은 날 아프고 같은 날 재방문하지는 않는다. 그래서 제품은 끊임없이 새로운 사용자가 방문하고 그 사용자는 또다시 일정 기간 후 방문하게 될 것이다. 하지만 이렇게 제품의 사용 주기가 긴 제품을 부정적으로 바라보는 사람들이 있다. 그럼 반문해 보자. 매일 들어오는 제품은 무조건 대단한 제품인가? 그 안에 엄청난 기능과 혁신적인 무언가가 숨어있을까?

다방이나 직방과 같은 앱을 떠올려보자. 사용자 주기가 어느 정도로 예측되는가? 전세나 월세를 구하는 시점이 될 것이므로 제품의 재사용 주기는 1년이나 2년이 된다고 생각하게 된다. (그러나 아마 실제로 제품의 사용 주기는 이보다 더 짧을 것이다.) 이렇게 성공한 제품들도 제품의 사용 주기가 길다. 이들 역시 사용자의 재사용 주기를 짧게 만들기 위한 노력을 계속하고 있다. 그렇지만 본질적으로 필요한 시점에 정보를 잘 전달하고 있기 때문에 1년이나 2년의 시간이 흐른 뒤에도 해당 제품의 경험을 잊지 않고 재방문 하게 된다.

주기가 길고 짧음이 사실 중요하지 않다는 것을 이야기하고 싶다. 그 주기에 맞추어 최상의 경험을 제공하는 것이 가장 중요한 가치라는 점을 말하고 싶은 것이다. 1년의 주기를 갖는 제품 담당자는 6개월 주기의 제품을 부러워할 수 있다. 6개월 주기의 제품 담당자는 한 달 단위의 주기를 갖는 제품을 부러워할 것이다. 한 달 단위의 재사용 주기를 갖는 제품은 하루 단위로 재사용하는 제품을 부러워한다. 그런데 그렇게 부러워하면서 핵심 이벤트의 사용 경험은 뒷전이라면 중요한 것을 놓치고 있는 게 아닌지 살펴보아야 한다.

1년에 한 번을 사용하더라도 허위 매물 없이 원하는 집을 쉽고 편하게 찾을 수 있는 경험, 두 달에 한 번 병원에 가더라도 나에게 꼭 맞는 병원을 찾아 아픈 몸이 낫는 경험, 일 년에 몇 번을 쓰는지보다 더 중요한 것은 한 번을 사용하더라도 가치 있는 제품이 되는 것이다.

Amplitude는 상당한 비용을 납부해야 하는 고가의 제품이라는 단점도 있다. 웬만한 회사원 연봉 수준의 금액을 지급해야 하기 때문이다. 그러나 대부분의 데이터를 내부에서 직접 계산하여 운영했을 때 들어가는 리소스를 생각한다면 결코 비싼 금액은 아니다.

09

프로젝트 방법론

9-1

워터폴 Waterfall

대부분의 기업에서 과거부터 사용하고 있던 워터폴(소프트웨어 개발 방식 중 하나로, 프로젝트를 선형적이고 순차적으로 진행하는 방법론) 방식의 업무에 관해 이야기해 보고자 한다. 최근에는 많은 기업이 지양하고 있는 방법이기 때문에 이러한 업무수행 방식은 많은 스타트업이나 그곳에 속한 구성원들에게 좋지 않은 시선을 받는 것이 현실이다. 하지만 제품의 대부분 주요한 요소를 사전에 확정할 수 있다면 워터폴 방식의 업무가 오히려 유리하다.

사업에 대한 구체적인 계획이 정리되어 있고, 기능에 대한 정의가 명확하다면 말이다. 우리가 건축한다고 가정해 보자. 집을 짓기로 하고 땅을 사고, 건축가를 통해 완성될 집의 모습을 설계한다. 구체적으로 어떠한 재료로 어떻게 만들지까지 정리된 후 실제로 집을 짓기 위한 자재를 구입하고 인부를 고용하여 집 짓기를 시작한다.

절반 정도 집을 완성해 갈 즈음 단층으로 설계한 집이 마음에 들지 않아 지하를 하나 더 만들고 2층으로 짓고 싶다고 요구사항을 변경할 수 있을까? 그렇지 않다. 비용과 시간이 충분하다면 모두 허물고 새롭게 짓는 경우도 있겠지만 대부분의 건설 현장에서의 건축은 이러한 방식으로 진행되기 어렵다.

집을 지어가면서 조금씩 바꿀 수 있는 것들도 분명 있을 것이다. 하지만 대부분 본격적인 공사에 들어가기 전에 계획을 100%에 가깝게 완료한다. 워터폴 방식의 업무는 이와 유사한 성격을 가지고 있다.

워터폴 업무수행 방식은 요구사항 분석을 시작으로 프로젝트 설계 후 디자인 과정을 거쳐 개발이 진행되고 최종적인 검수 과정을 통해 사용자에게 배포된다. 워터폴 방식으로 진행되는 업무는 프로젝트 관리가 매우 수월하다는 장점이 있다. 개발 초기 단계부터 출시까지 구체적인 요구사항이 사전에 정리되어 있기 때문이며, 단계별로 업무 분담이 사전에 이루어지기 때문에 효율적으로 업무가 가능하다.

예를 들어 결제 기능을 개발해 본 담당자가 있다면 해당 담당자는 결제 기능을 반복하여 개발할수록 더 빠르게 개발이 가능하다. 이처럼 손에 익은 작업을 담당하는 사람들이 포지션별로 배치되어 있을 때 생산성이 증대된다. 이는 건축이나 개발 프로젝트 외에도 군대나 공기업, 정부 기관 등 다양한 조직에서 실제로 실행되는 업무 방식이다.

빠른 변화에 대응하기 어려운 워터폴

"PO님, 정말 고생하셨어요. 다행히 출시까지 잘 되었는데 정부 정책 때문에 아쉽게도 더 이상 고도화 관련 논의는 어려울 것 같아요."

엔데믹에 접어들면서 헬스케어 도메인의 뜨거운 감자인 비대면 진료(과거 원격진료)는 급변하는 시장 환경과 더불어, 정당 간의 분쟁 그 어딘가에 끼어서 이리저리 휘둘리는 상황에 처해 있었다. 시범 사업안이 보건복지부로부터 발표된 후 S사와 협업하던 프로젝트가 출시 두 달여 만에 쓸모없는 제품이 되고 말았다. 다행히 제품이 출시되지 못하는 상황까지는 아니었지만, 프로젝트를 시작하고 꼬박 6개월의 시간이 투자되었음에도 S사의 2023년 미디어데이를 기점으로 비대면 진료 협업은 더 이상 진행되기 어려웠다.

워터폴 방식의 업무는 앞서 이야기한 집 짓기 과정에서 발생했던 변동 상황과 같은 사건이 발생했을 유연한 대처가 어렵다는 한계를 가지고 있다. 앞서 건축 과정에 빗대어 설명했듯 워터폴 방식은 최초에 설계한 내용을 기반으로 대부분의 일이 100%로 변동 사항 없이 진행되어야 원활하게 작동할 수 있다.

제품도 역시 마찬가지다. 워터폴 방식의 업무는 대부분 짧게는 3개월 길게는 1년의 기간을 투자하여 진행하게 된다. 대부분의 대기업에서 진행하는 프로젝트의 시작부터 완성까지의 기간이 대략 1년 정도의 주기로 진행된다. 따라서 중간에 어떠한 이슈가 발생했을 때 유연한 대처가 어렵다.

9-3

변화에 유연해야 한다

"아니 벌써 완성하셨다고요?"

협업하는 몇몇 대기업 담당자들이 하는 이야기다. 사업에 대해 논의하고 구체적인 계획을 수립하는 데만 수개월이 걸리는 방식이 익숙한 상태에서 빠르게 프로토타입까지 완성해 내는 스타트업의 속도에 놀랄 수밖에 없었을 것이다. 6개월 혹은 1년이라는 시간은 생각보다 길지 않다고 여길 수 있지만 제품의 수명 주기를 기준으로 했을 때는 상당히 긴 시간이다. 워터폴 방식이 아닌 애자일 방식으로 업무를 진행하더라도 제법 구색을 갖추고 제품다운 제품이 사용자에게 인지될 즈음을 계산해 보면 1년이라는 시간이 걸리는 경우도 있다.

6개월에서 1년이라는 시간 동안 개발한 제품이 시장에 출시되었을 때 이미 시장에 우리가 개발한 제품과 유사하거나 더 뛰어난 제품이 존재할 위험과 그 시간 동안 빠르게 변해버린 시장 환경에 의해 더 이상 쓸모가 없어진 제품이 될 수 있다는 것이 가장 큰 리스크일 것이다. 결과물이 고객의 기대에 미치지 못할 수 있다는 한계점, 즉 고객이 우리 제품을 만나는 단계는 제품을 출시하는 마지막 단계이기 때문에 고객의 요구사항이 급변하는 시대에는 즉흥적으로 대응이 어렵다는 취약점을 반드시 상기해야 한다.

앞서 이야기했던 사례처럼 정말 처음부터 다시 시작하거나 프로젝트를 아예 출시하지 못하는 경우는 다반사다. 시장의 변화로 인한 프로젝트 중단이라면 그나마 낫다. 회사의 내부 의사결정으로 중단되는 사태를 맞이하게 되는 일만큼이나 억울한 일은 없을 것이다.

9-4

애자일

애자일 방법론은 '민첩함'이라는 '애자일'의 뜻에서 유추해 볼 수 있듯 짧은 주기의 개발 사이클을 기반으로 시장의 변화에 더 유연하게 대처하는 방식을 말하며 보통 이러한 개발 사이클을 '스프린트'라고 부른다.

스프린트는 보통 2~4주 단위로 이루어지며 더 짧은 주기를 갖기도 하지만 스프린트를 준비하고 실행한 후 QA까지 마무리하면서 사용자의 피드백을 반영하기에는 상당히 짧은 기간이 될 수 있으므로 2주 이상의 기간으로 설정하는 것이 좋다.

애자일 프로세스를 통해 개발하는 방법이 기존의 워터폴 방식을 통해 개발했을 때와 어떤 차이가 있는지 이야기할 때, 리스크를 조기에 식별할 수 있고 사용자의 피드백을 반영하면서 제품을 개발할 수 있다는 장점을 주로 이야기한다.

앞서 이야기한 내용과 같이 워터폴 방식은 업무 특성상 제품을 출시하고 나서야 고객의 피드백을 받을 수 있기 때문에 위험을 사전에 감지하고 개선해 나갈 수 있는 애자일 방법을 최근에는 많은 기업들이 사용하고 있다. 애자일은 단순히 일의 방법을 이야기하는 것에 머무르지 않는다. 애자일은 조직의 구조에도 영향을 미치는데 기존의 수직적인 조직 구조를 벗어나서 수평적인 구조로 변화하게 되는 것도 포함된다.

애자일은 워터폴과 달리 해상도가 높은 상태의 최종 이미지를 개발하기 위해서 오랜 시간을 들여 제품을 개발하는 것이 아니라 구체적인 목표를 설정하고 설정한 목표를 협력하는 과정을 거치게 된다.

애자일하게 일한다는 착각

애자일하게 일하는 조직은 기민하고 민첩하다고 느끼기보다 오히려 상당한 피로도를 갖고 있는 경우가 많다. 왜 애자일하게 일하는 조직에서 오히려 더 힘들다는 이야기를 할까? 먼저 애자일 선언문을 살펴보자.

"우리는 소프트웨어를 개발하고, 또 다른 사람의 개발을 도와주면서 소프트웨어 개발의 더 나은 방법들을 찾아가고 있다. 이 작업을 통해 우리는 다음을 가치 있게 여기게 되었다.

1. 공정과 도구보다 개인과 상호작용을
2. 포괄적인 문서보다 작동하는 소프트웨어를
3. 계약 협상보다 고객과의 협력을
4. 계획을 따르기보다 변화에 대응하기를 가치 있게 여긴다.

왼쪽에 있는 것들도 가치가 있지만, 우리는 오른쪽에 있는 것들에 더 높은 가치를 둔다."

이 선언문에서 왼쪽에 있는 것들도 가치가 있지만 우리는 오른쪽에 있는 것들에 더 높은 가치를 둔다는 말을 주목해야 한다. 그럼 왼쪽과 오른쪽을 보기 좋게 표로 구분해 보자.

왼쪽	오른쪽
공정과 도구	개인과 상호작용
포괄적인 문서	작동하는 소프트웨어
계약 협상	고객과의 협력
계획	변화에 대응

실패하는 애자일 팀의 문제는 보통 왼쪽에 대한 내용을 포기하는 것에 손쉽게 애자일이라는 방법론을 사용하면서도 오른쪽에 해당하는 것들은 간과하는 것에서부터 시작한다.

첫 번째 항목인 공정과 도구라는 것은 보통 업무의 프로세스와 업무에 사용하는 툴을 이야기한다. 최근에 다양한 커뮤니케이션 툴이 등장하면서 협업을 더 강력하게 도와주고 있다. 하지만 이러한 툴에 의존하는 것은 좋지 않다. 특히 애자일 선언문에서 강조하는 것은 개인과의 상호작용을 통해서 더 많은 커뮤니케이션이 필요하다는 것인데 개인 간의 상호작용도 전혀 이루어지지 않는 애자일 팀이 많다.

어떠한 업무가 진행되는 데 있어 "이렇게 진행되면 안 될 것 같다."라는 생각이 들거나 무언가 더 나은 방법이 생각날 때 그 즉시 팀원들과 소통하며 문제를 정면으로 바라보고 해결하는 팀이 있고, 그 반대의 경우가 있다. 애자일한 팀에서 이러한 일이 일어나겠느냐고 생각할 수 있지만 상당히 많은 구성원이 이러한 자세로 일을 진행하는 경우가 있다.

두 번째의 항목을 보면 포괄적인 문서보다는 작동하는 소프트웨어를 이야기한다. 우리가 문서를 작성해 보면 상당히 많은 시간이 든다는 것을 알 수 있다. 애자일 팀에서는 제품을 만드는 것보다 문서를 작성하는 시간이 더 오래 걸린다. 문서를 만들어 두었다고 하더라도 2주 단위로 진행되는 스프린트를 몇 번 지나고 나면 그 문서는 과거의 기록일 뿐 더 이상 제품의 변화를 따라가지 못한다. 스프린트의 경우 짧은 주기로 일이 진행되기 때문에 하나의 온전한 문서 형태로 존재하기보다는 분절된 상태일 가능성이 높다. 애자일 선언문은 문서를 작성하는 데 들어가는 시간보다는 제대로 작동하는 소프트웨어를 만들어야 한다는 것과 그렇게 만들어진 소프트웨어를 보면서 문서보다 더 강력한 가치를 만들어내는 것에 초점을 둔다.

문서만 쓰고 작동하지 않는 소프트웨어를 만드는 것도 문제지만 문서조차도 없는데 작동조차 제대로 되지 않는 소프트웨어를 만드는 것은 최악의 상황이다. 문서를 쓰지 말라는 말이 아니고 제대로 작동할 수 있는 소프트웨어를 만드는 것에 더 많은 가치를 두는 것이 중요하다는 말이다.

세 번째 내용은 계약과 협상보다는 고객과의 협력이다. 여기서 역시 중요한 것은 고객과 협력을 잘해야 한다는 것이다. 애자일의 저변에 깔린 사회적 인식은 빠르게 시장이 변화한다는 전제를 두고 출발한다. 따라서 고객과 어떠한 약속을 사전에 했더라도 시장이 변화함에 따라 고객의 요구가 변화할 수 있다는 말이다. 어떠한 약속이 계약의 형태로 명문화되어 버려서 유동성이 떨어지는 것을 경계해야 한다는 뜻이다. 다만 이것을 고객과 아무런 약속도 하지 말라는 것으로 해석해서는 안 된다.

작동하는 소프트웨어를 고객에게 제공하고 피드백을 받으면서 발전시켜 나가야지 반대로 고객과 단절된 상태에서 편안하게 개발해도 된다는 것은 아니며 또 이를 받아들일 고객은 아무도 없을 것이다. 따라서 고객과 꾸준한 상호작용을 통해서 변화에 대응해 가야 함을 강조하는 말이다.

네 번째는 계획보다는 변화에 대응하는 것을 이야기한다. 이 말을 들으면 아무런 계획이 없어도 된다고 생각하기 쉽다. 구체적인 계획이 없어도 제품만 잘 만들면 된다고 생각할 수 있지만 잘 짜인 계획은 생각보다 중요하다. 우리가 계획하지 않고 제품을 만들 수 있을지 생각해 보자. 무엇을 만들 것인지를 정한다는 것은 무언가를 만들 것이라는 계획이 기본 바탕이 된다. 미션과 비전은 중장기적인 계획이다. 기업의 존재 이유이며 우리가 일을 하는 이유이다. 이러한 중장기 계획을 달성하기 위해서 보다 작은 단위와 기한으로 일을 쪼개서 진행하는 것이다.

9-6

고객 만족을 최우선으로 한다

"애자일하게 일하는 것은 이런 것이다."라는 말을 여러 사람에게 듣고, 또 경험적으로 알고 있더라도 앞서 이야기한 애자일 선언문을 직접 본 사람은 별로 없으리라 생각한다. 애자일 선언문을 처음 본다면 아마 애자일 이면의 원칙에 대해서도 처음 접할 것이다. 총 12가지의 항목이 나열되어 있는데 주요 항목에 대해 살펴보고자 한다.

첫 번째는 "고객 만족을 최우선으로 합니다. 변화에 빠르게 대응하여 고객의 요구를 충족시키는 것이 가치 있는 소프트웨어를 제공하는 핵심입니다."라는 문장이다. 애자일의 기본 원칙은 고객이 중심이다. 우리가 일을 할 때 정말 고객을 중심으로 사고하고 있는지 생각해 보아야 한다.

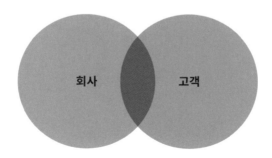

대부분의 제품 담당자가 회사와 고객의 요구사항 두 가지를 모두 만족시키기 어려운 경우를 직면하게 된다. 이럴 때 우선순위를 어떻게 정하는지가 매우

중요하다고 생각할 수 있지만 고객을 중심으로 사고하는 팀은 두 가지의 문제를 나열해 두고 어떤 것을 먼저 해결할지에 대한 우선순위를 고민하기보다는 상충하는 문제의 본질을 두고 고객의 문제를 해결함과 동시에 회사의 문제를 함께 해결하는 방법을 도출하는 데 더 많은 시간을 쏟는다. 즉, 회사의 문제와 고객의 문제를 같은 선에 두지 않고 고객의 문제에 더 무게를 두는 것이다.

대부분 회사의 이익은 고객으로부터 발생한다. 고객에 대한 정의 역시 중요한데 가끔 고객과 사용자를 착각하기도 한다. "당신 회사의 고객이 누구인가요?"라는 질문에 쉽게 대답할 수 있는 방법은 '누가 돈을 내고 우리의 제품을 사용하는가?'를 생각해 보면 된다. 고객과 사용자가 같은 경우가 있고, 고객과 사용자가 다른 경우도 있을 것이다.

예를 들어 디자인 도구인 Figma를 생각해 보자. Figma의 사용자는 대부분이 디자이너이다. 이들이 Figma에 매월 구독료를 내고 제품을 사용한다. 그리고 이들 중 일부는 무료 버전을 사용하고 있을 수 있다. 위의 경우는 제품의 사용자와 고객이 같은 경우다. 단면 시장에서는 이처럼 간단하게 고객과 사용자의 구분이 가능하지만 O2O 제품(온라인과 오프라인을 연결하는 플랫폼을 통해 소비자가 상품이나 서비스를 구매하도록 유도하는 시스템)은 조금 더 복잡할 수 있다.

9-7

변화를 당연하게 여긴다

애자일에서 강조하는 두 번째는 바로 변화에 대한 대응이다.

"변화에 대한 대응을 환영합니다. 요구사항의 변화는 개발 과정의 필연적인 부분이며, 이에 유연하게 대응하여야 합니다."

사실 많은 사람들이 공감하면서도 반대로 많은 이들이 가장 불편하게 생각하는 분야가 아닐 수 없다. 변화한다는 것은 무언가 계속 바뀌는 것이다. 애자일에서는 변화에 대해 유연하게 대응해야 하고, 요구사항이 변화하는 것은 필연적이라고까지 말하고 있다.

그러나 여기서 중요한 것이 있다. 변화가 너무 잦은 것을 제품 담당자나 기획자가 당연하게 생각해서는 안 된다. 이렇게 바꾸고 저렇게 바꾸고를 고려한 개발은 사실 쉬운 일이 아니다. 불명확한 요구사항을 당연하게 여기는 것까지 포함해서 말이다.

"우리 팀은 애자일하게 일하는 게 아닌가요? 이 정도의 변경 사항은 당연한 거예요"

대다수의 기획자가 애자일에서 오해하는 부분이 무한히 변경되어도 모두가 다 이해해 줄 것이라는 생각이다. 왜냐하면 그게 애자일의 기본 정신이라고 생각하기 때문이다.

하지만 전 세계 모든 고객의 요구사항을 다 받아줄 제품을 개발하는 것이 아니라면 나름의 기준과 원칙이 필요하다. 제품을 개발하는 데 있어 초기 기획 단계에서는 빠른 변화가 가능하도록 팀이 준비되어 있을 가능성이 높다. 따라서 다양한 시도를 통해 다양한 가능성을 실험하는 과정에 대하여 팀은 그 변화를 당연하게 받아들이고 이에 대응할 준비가 되어있어야 한다.

다만, 어느 정도 제품이 궤도에 오른 운영의 단계로 접어들게 되면 더 이상의 큰 변화는 팀을 혼란스럽게 만들 수 있다. 제품의 단계에 따라 변화를 받아들이는 수용도가 다르다는 것이다. 시시각각 제품이 변화한다면 그 누가 팀에 남아 일하겠는가. 계획이 변하는 것, 기획이 달라지는 것을 개발자들은 싫어한다.

하지만 변하지 않는 것은 없다는 것이 우리가 기억해야 할 사실이다. 비즈니스 환경에서 변화하지 않는 것은 도태되는 것이다. 이렇게 변화를 꺼리는 사람들의 주장과 생각은 고객 가치 측면에서도 매우 합리적이지 않은 기대라고 생각해야 한다. 만약 경영진이 이러한 마인드라면 조직을 애자일하게 변화시키기에도 문제가 많을 것이며, 이러한 생각을 하는 사람이 구성원이라면 애자일 팀에서 일하기에 부족한 사람이라고 생각한다.

9-8

강력한 동기부여

"동기가 부여된 개인들 중심으로 프로젝트를 구성하라. 그들이 필요로 하는 환경과 자원을 주고 그들이 일을 끝내리라고 신뢰하라."

먼저 이 문장에서 주목할 것은 '동기'이다. 강력한 동기를 중심으로 팀이 구성되지 않으면 팀은 올바르지 않은 방향으로 나아갈 것이다. 하지만 대부분 이러한 동기부여가 없어 팀이 강하게 하나가 되지 못하는 경우가 많다. 구성원들이 필요로 하는 환경을 지원해 주지 못하거나 그들을 향해 진심으로 신뢰해 주지 못한다면 애자일은 동작할 수 없다.

이러한 팀의 상태를 영어 단어로 이야기한다면 Commitment, Devotion 상태라고 표현한다고 한다. Commitment 혹은 Devotion이라고 표현하는 이러한 팀의 상태에 대한 개념은 나의 시간과 에너지를 다른 누군가에게 내어주는 상태를 말한다. 영어 사전에 풀이된 것처럼 공헌, 헌신, 약속이라는 모호한 표현이 아니라 나의 시간과 에너지를 타인을 위해서 기꺼이 사용하는 상태(you give your time and energy)인 것이다. 그러한 마음가짐이 되어있는 상태인 구성원이 하나의 목표를 바라볼 때의 상태를 항상 지향한다.

그러나 이러한 상태가 가능해지려면 되도록 경영진은 구성원을 신뢰해야 한다. 이러한 신뢰의 고리가 깨져나가기 시작하면 조직은 급속도로 무너져 내리게 된다. 단순히 누군가 조직을 이탈하는 것에서 그치지 않고 잘못된 문화가 뿌리 깊게 자리 잡아 가면서 새로운 사람이 들어오더라도 아무것도 변하거나 개선되지 않는다. 문제는 경영진뿐만이 아니라 그들을 대하는 구성원의 자세도 마찬가지다. 어느 한쪽만의 문제는 아니지만 대부분의 구성원은 따르는 입장이 대다수이므로 지시하는 입장인 경영진의 문제가 더 큰 부분을 차지할 것이다.

9-9

작동하는 소프트웨어를 자주 제공한다

"작동하는 소프트웨어를 자주 제공합니다. 짧은 시간 간격으로 작동하는 소프트웨어를 지속해서 제공하여 고객과의 상호작용을 촉진하고 피드백을 받습니다."

생각보다 많은 제품 담당자가 무엇을 해야 할지에 대해 고민하는 경우가 있다. A/B 테스트(마케팅과 웹 분석에서, A/B 테스트는 두 개의 변형 A와 B를 사용하는 종합 대조 실험)도 하루 이틀이지 매번 새로운 기능을 개발하려니 모든 구성원이 스트레스를 받는다. 그리고 아래의 애자일 선언문을 보고 많은 엔지니어가 '뭐 이런 헛소리가 가득한 문서가 다 있어?'라며 스트레스를 받고 있을 것이다. 작동하는 소프트웨어를 그것도 자주 제공하라니, 세상에 아마 이런 스트레스를 받는 팀이라면 혹시 이런 상태가 아닌지 점검해 봐야 한다.

"우리 팀은 스프린트마다 무엇에 집중하고 있는가?"

위 질문에 '사용자', '고객 만족'이 답이라면 위와 같은 스트레스를 받을 가능성이 작다. 다만 이 질문에 대한 답이 '기능 개발', '산출물'과 같이 결과를 만들어내는 것 자체에 집중하는 상태라면 많은 부분에서 개선이 필요하다. 사실 미래를 예측하기 어렵고 빠르게 변하는 시장 환경에 대응하기에는 최적의 프레임워크이지만 스프린트마다 제품에 새로운 기능을 덕지덕지 붙여 나가는 것을 원활하게 동작하는 조직이라고 여기는 것부터가 잘못된 것이다.

애자일하게 일한다는 것 자체는 작은 단위의 산출물을 내놓으면서 제품이 가치를 사용자에게 잘 전달하고 있는지 확인한 후 문제가 있다면 개선하고, 지표가 좋다면 고도화하는 것이다.

기능을 추가하는 것 역시 가치를 전달하는 일인 경우도 있다. 하지만 단순히 기능을 많이 만드는 것을 의미하지는 않는다. 진정한 제품의 성공을 위해서는 스프린트마다 배포하는 기능을 사용자가 얼마나 만족하며 사용하는지와 이를 통해 얼마나 많은 가치를 창출해 낼 수 있는지에 집중해야 한다.

따라서 애자일에서 말하는 작동하는 소프트웨어를 만든다는 것은 문서 작업과 같이 형식에 얽매이지 않으면서 제품 그 자체에 집중하고 불필요한 요소를 걷어내며 사용자에게 도달할 제품이 제대로 동작하게 만들어서 사용자가 제품을 사용하면서 가치를 느낄 수 있도록 만들라는 것이다.

10

스크럼 스프린트

10-1

스크럼의 간단한 역사

오늘날 존재하는 '스크럼(팀이 자체적으로 조직하고 협업하여 목표를 달성하기 위한 관리 프레임워크)'은 타케우치 히로타카와 노나카 이쿠지로가 기고한 1986년 Harvard Business 리뷰 기사 "새로운 신제품 개발 게임"에서 처음 소개되었고 1995년 켄 슈와버와 제프 서덜랜드가 애자일 선언문 및 스크럼 개발 프로세스를 출간하며 더욱 발전되고 체계적으로 정리되어 왔다.

앞서 이야기했던 애자일은 스크럼과 많은 유사성을 보이는데 '스프린트'를 통해서 팀은 "사용할 수 있는 소프트웨어를 자주 제공"이라는 애자일 원칙을 실현한다. 그래서 스프린트라는 것은 스크럼이라는 유연하고 반복적인 프로젝트 관리 프로세스 내에 작은 기간을 설정하여 일정한 작업을 완료하는 시간이라고 생각하면 된다.

스크럼 스프린트는 아이디어가 가치로 바뀌는 과정으로 회사마다 다르지만 애자일 선언문에 언급했듯 짧게는 2주 길게는 2개월 이하의 기간을 갖도록 권장하고 있다. 스프린트의 기간을 보면 이전 스프린트가 종료되면 곧 바로 새로운 스프린트가 시작된다.

많은 사람들이 스크럼 스프린트를 애자일의 소프트웨어 개발과 연관시키면서 스크럼과 애자일이 같은 것이라고 생각하는 경우가 있다. 하지만 애자일은 앞서 살펴보았듯이 더 나은 개발 환경을 위한 원칙으로, 스크럼은 작업을 완료하기 위한 프레임워크로 구분하는 것이 좋다. 스크럼이 애자일 방법론에 포함되는 것으로 이야기하는 경우도 있다.

글만 읽고 경험해 보지 않았기 때문에 스크럼의 개념이 아직 와닿지 않을 것이라고 생각된다. 스크럼이 구체적으로 무엇이고 무엇을 해야 하는지를 살펴보자. 일반적으로 애자일 조직에서는 다음과 같은 순서로 스크럼 프로세스를 진행한다.

10-2

로드맵 수립

실질적으로 제품의 로드맵을 구상하는 일은 제품 담당자의 업무가 아닌 경우가 있을 것이다. 시니어 PO 정도나 CPO(최고 제품 책임자, 조직 내에서 제품 관련 활동의 전략 및 실행을 책임지는 임원)가 수립하기도 하지만 우리가 접하기 쉬운 대부분의 회사가 플랫폼 비즈니스를 하므로 회사의 중장기적인 로드맵이 곧 제품의 로드맵인 경우가 많기 때문이다. 따라서 제품 담당자가 정해진 로드맵을 충실하게 수행하는 경우가 많다.

물론 때에 따라 제품 담당자가 담당하는 분야 내에서 로드맵을 수립해야 하는 경우도 있다. 로드맵을 너무나 무거운 것으로 생각하기보다는 제품이 나아가야 할 방향 정도로 생각한다면 어렵지 않게 정할 수 있다. 다만 로드맵은 회사의 미션과 비전을 달성할 수 있는 단위로 구분되어야 한다.

따라서 로드맵을 수립하기 이전에 기업의 미션과 비전에 대해 잘 이해해야 한다. 기업이 수립하는 비전은 기업이 지향하는 것으로 쉽게 이야기해서 '되고 싶은 모습'을 말한다. 무엇이 되고 싶다는 꿈과 같은 것으로 바꾸어 이야기하면 '목표'가 될 것이다. 좋은 비전이란 것도 나쁜 비전이란 것도 없지만 굳이 구분한다면 '고객에게 전달될 가치를 포함하는가?' 정도를 그 기준으로 할 수 있다.
국내의 대표적인 음식 배달 플랫폼인 B사에서 만든 비전이 제품과 관련된 일을 하는 사람들에게 가장 많이 언급되고 있다.

"좋은 음식을 먹고 싶은 곳에서"

이 문장은 사실 B사가 내세운 두 번째 단계에서의 비전이었고 최초의 비전은 다음과 같다.

"정보기술을 활용하여 배달 산업을 발전시키자"

다소 투박하다는 인상을 줄 수 있을 것이다. 이때의 기업들이 대부분의 기업 비전에 '정보기술' 혹은 '정보통신기술'이라는 용어를 많이 사용하곤 했다. Ver1.0의 B사 비전이 기술을 활용한 산업의 발전이었다면 Ver2.0은 드디어 '사용자'가 포함된 문장으로 바뀌었다. 그리고 현재는 "문 앞으로 배달되는 일상의 행복"이라는 Ver3.0을 실행하고 있다.

이처럼 기업이 내세우는 비전이 진화함에 따라 B사가 기존의 음식 배달을 넘어서서 생활용품과 가전제품에 이르기까지 고객의 집까지 배송할 수 있는 항목을 새로운 3.0 비전에 맞추어 확대해 가고 있는 모습을 볼 수 있다.

B사의 Ver2.0 비전은 '좋은 음식을 먹고 싶은 곳에서'였다. 여기에서는 두 가지의 비전을 확인할 수 있다. 첫째는 '좋은 음식'이며 둘째는 '먹고 싶은 곳'이다. 첫 번째 비전인 '좋은 음식'을 달성하려면 좋은 음식의 기준이 있어야 할 것이고 이어서 해당 음식점을 확보할 전략이 필요하고 이렇게 확보된 가맹점을 어떻게 사용자에게 노출할지에 대한 전략도 수립해야 한다.

따라서 비전은 전략을 도출하도록 하고, 전략을 이행하려면 단계별로 실행 가능한 계획이 필요하다. 이러한 실행 계획을 로드맵으로 정리한다.

기업이 지향하는 비전을 기반으로 수립된 로드맵은 기업의 비전을 달성하기 위한 전략을 기반으로 단계별 목표를 수립해야 한다. 한 번에 달성할 수 있는 것은 없기 때문이다. 이러한 로드맵을 만들 때에도 반드시 성공과 실패 여부를 파악할 수 있도록 정량적으로 측정 가능한 수치가 필요하다.

10-3

Miscommunication

로드맵을 바탕으로 업무를 추진할 때 가장 걸림돌이 되는 것은 예상외로 단순한 커뮤니케이션이다. 우리는 매일 대화한다. 문자든 말로든 말이다. 그러나 모든 대화를 다 기억하지는 못한다.

지난주 월요일 회의에서 나눈 대화가 무엇이었는지 기억하고 있는가? 지난주에 나눈 이야기를 모두 기억하지 못하는 것은 당연한 일이다. 불과 5분 전까지 진행된 회의에서 서로 나눈 대화에 대해 정확히 기억하지 못하는 경우도 있다. 회의를 마치고 참석한 구성원이 회의의 내용을 정확하게 이해하고 있는가에 대해 다시 한번 확인해 보면 생각보다 많은 참석자가 서로 다르게 이해하고 있을 것이다.

이렇게 높은 확률로 매 회의마다 미스커뮤니케이션이 발생한다. 5% 정도의 확률로 미스커뮤니케이션이 발생한다고 가정해 보자. 참석자가 5명이라면 77%$(0.95^5 = 0.95 \times 0.95 \times 0.95 \times 0.95 \times 0.95 \approx 0.7738)$의 참석자만 정확하게 회의 내용을 이해하고 있다는 결과를 계산을 통해 알 수 있다. 그러나 현실은 5%가 아니라 50%에 가깝다. 그러니 회의 내용을 대부분 잘 모른 채로 회의가 끝난다고 봐도 된다. 왜 이러한 현상이 일어날까? 생각보다 답은 간단하다.

우리는 모두 같은 회사에서 일하지만, 각자의 역할이 다르다. 그만큼 각자 집중하고 있는 분야가 다르다. 보통 회사에서 회의를 하면 회의를 주최하는 사람과 회의에 참석하는 사람으로 나뉜다. 당연하게도 회의를 주최하는 사람은 나름의 준비를 할 것이고 회의에 참석하는 사람은 어떤 회의인지 대략 살펴보고 시간에 맞춰 회의에 참석하게 된다.

그리고 대부분 회의는 주최자의 일방향적 내용 공유 후 QnA 형태 이후 마무리된다. 이렇게 진행되는 회의가 만약 중요한 제품의 방향을 결정하는 회의였다면 참석자로 초대된 사람들은 대부분 의사결정에 중요한 역할을 하는 사람들이었을 것이다. 하지만 이러한 회의에 참여한 사람들도 본인이 맡고 있는 업무가 있기 때문에 본인이 담당하던 업무에서 회의와 관련된 주제로 빠르게 전환하기가 어려울 수 있다.

이것을 우리는 맥락 전환이 잘되지 않는 데서 발생하는 문제라고 말한다. 다들 각자의 업무에 집중하다 회의에 들어왔기 때문에 그 회의 내용에 완전히 몰입되기까지는 충분한 시간이 필요하다.

Context change가 잘되지 않아서 발생하는 커뮤니케이션 문제를 해결하기 위해 다음과 같은 전략을 고려할 수 있다.

1. 명확한 기대 설정

- **회의 시작 전**: 회의의 목적, 기대 결과, 논의할 주제 등을 명확히 정의하고 전달한다. 이를 통해 참여자들이 동일한 콘텍스트에서 시작할 수 있도록 유도하는 것이다.

- **정확한 의사소통**: 모든 참여자가 현재의 논의 주제나 상황에 대해 명확히 이해하고 있는지 확인하는 과정을 거친다. 중간에 혼동이 생기면 바로잡는 것이 중요하다.

2. 명확한 역할 분담

- **역할 지정**: 회의나 커뮤니케이션에서 각자의 역할을 명확히 구분하여, 각각의 책임과 목표를 분명히 한다. 이로 인해 혼란이 줄어들고, 각 참여자가 자신에게 기대되는 바를 명확히 이해하게 된다.

3. 핵심 요점 반복

- **핵심 사항 재확인**: 중요한 결정이나 논의 사항이 변경될 때, 이를 반복하여 확인하고 기록하도록 한다. 예를 들어, 각 주제의 끝에서 "이제 우리가 동의한 점은 다음과 같습니다…"와 같은 형식으로 정리한다.

4. 문서화

- **회의 기록**: 회의 중 중요한 논의 내용과 결정 사항을 기록하고, 회의 후 모두에게 공유하는 것이다. 이를 통해 각자 다른 해석을 할 가능성을 줄일 수 있다.

5. 질문 장려

- **질문과 피드백**: 참여자들이 이해가 되지 않는 부분이나 논의의 맥락에서 벗어난 내용이 있을 때 즉시 질문하도록 장려한다. 이 과정에서 맥락의 변화가 발생한 경우 이를 인식하고 바로잡을 수 있다.

6. 적절한 페이스 유지

- **속도 조절**: 발표자의 페이스도 중요하다. 따라서 회의나 대화의 속도를 조절하여, 맥락이 급격히 변화하는 것을 방지한다. 중요하거나 복잡한 주제를 다룰 때는 특히 천천히 논의하고, 참여자들이 충분히 이해할 수 있는 시간을 제공해야 한다.

이러한 방법으로 회의를 진행하면 커뮤니케이션의 문제를 줄일 수 있을 것이다. 그리고 정확한 정보 전달을 가능하게 하는 도구로 6pager와 1pager를 함께 추천한다.

10-4

정보 전달을 위한 6Pager

Miscommunication의 확률을 최대한 낮추고, 회의를 통해 생산적인 결과를 도출하기 위해 많은 기업이 다양한 방법을 실험했다. 그중에 식스페이저(6pager)를 가장 추천한다.

6pager는 컨설턴트로부터 프레젠테이션을 듣고 복잡한 그림이 시선을 어지럽히고 구체적인 내용과 제안 사항을 알 수 없었다는 아마존의 제프 베조스의 경험에서 기인했다. 파워포인트를 통해 여러 장으로 나누어 설명하는 것이 아니라 A4 용지 한 장 분량의 문서로 요약하여 정리하는 것을 말한다. 6pager의 내용은 이렇게 구성되어 있다.

주요 항목	내용
Introduction(배경)	업무 추진의 배경 설명
Goals(목표)	해결할 문제, 제공 가치에 대한 정성적/정량적 기준
Tenets(원칙/교리)	과업 수행 시 필요한 원칙
Business Status(상황)	현재의 이슈 혹은 반드시 알아야 할 현황
Lesson Learned(배운 것)	과거 사례로 파악할 수 있었던 내용
Strategic Priorities(실행 계획)	목표 달성을 위한 계획 및 과업

6pager를 보면 이런 생각이 들 수 있다. 이렇게 정리하는 것이 도움이 될까? 이렇게 구구절절 설명을 해야만 할까? 오히려 문서 작업이 더 늘어나는 게 아닐까? 하고 말이다. 실제로 하나의 주제나 업무를 추진하기 위해 생각보다 많은 문서 작업이 필요하다. 그래서 이러한 Paper Work를 꺼리는 사람들이 상당히 많다. 실행만 잘하면 된다고 생각하기 때문이다. 하지만 제품 담당자는

상대를 잘 설득해야 하는 역할을 하는 사람이다.

6pager의 장점 중 첫 번째는 실제로 작성을 해보면 생각보다 계획하고 있던 것들에 부족한 부분이 많다는 것을 깨닫게 된다는 점이다. 그리고 그 계획을 더 정밀하게 만들기 위해서 노력하게 된다.

즉, 스스로 더 일을 잘할 수 있도록 만들어주는 역할을 한다. 지금 추진하고 있던 업무를 위 양식에 맞추어 작성해 보자. 만약 막힘없이 써 내려갈 수 있다면 구성원을 설득하고 업무를 추진하는 것 역시 막힘없이 진행될 것이다. 하지만 조금 고민이 필요한 부분이 있다면 상대를 설득하기에 충분한 상태로 글을 더 다듬어 보자. 만약 6pager를 작성하는 데 어려움이 있거나 이해가 안 된다면 아래처럼 쉽게 생각해 보자.

주요 항목	내용
Introduction(배경)	이런 게 있는데
Goals(목표)	이걸 해야 해
Tenets(원칙/교리)	이런 기조를 가지고 하려고 하는데
Business Status(상황)	지금 상황은 이렇고
Lesson Learned(배운 것)	이전에 해봤는데 이랬거나, 몇 가지 테스트해 봤는데
Strategic Priorities(실행 계획)	그래서 앞으로 이렇게 할 거야

6pager를 잘 쓰는 기준은 없다. 하지만 이 정도면 좋겠다는 기준을 나름대로 가지게 되었고 그 내용은 다음과 같다.

1. Introduction(배경): 왜 이 일을 추진하게 되었는지 배경을 설명해 준다. 길지 않게 2~3문단 정도로 작성하는 것이 좋지만 그 이상도 상관없다. 왜에 대한 물음에 답할 수 있을 만큼 충분히 작성해 주자. 그리고 한 가지 덧붙이자면 모두가 하나의 일에 똑같은 수준의 배경지식을 가지고 있지 않을 수 있다. 그래서 가급적 길지 않게 쓰는 것을 추천하지만 필요하다면 명확한 내용을 전달할 수 있을 만큼 내용을 준비해 주는 것이 좋다.

2. Goals(목표): 목표는 가급적 정량적인 수치가 좋다는 것은 설명하지 않더라

도 잘 알고 있을 것이다. 하지만 정량적으로 나타낼 수 없는 목표도 있다. 정량적 목표 달성을 위한 과정의 지표라면 이에 대해 명확하게 설명해 주는 것이 좋다. 목표는 간결하면서도 모두가 공감할 수 있도록 작성하고 수치로 준비할 수 있는 것이라면 근거를 마련해 두는 것이 좋다. 목표를 설명할 때 설정된 수치가 너무 과도하거나 납득하기 어려운 경우에는 구성원들에게 오히려 설득력이 떨어지고 일의 진행에 의문이 발생할 수 있다.

3. Tenets(원칙/교리): 어떠한 일이든 우선순위를 정해야 하고 이를 정하는 과정에서 이해 상충의 문제가 발생할 수 있다. 이 과정에서 우리가 지켜야 할 것이 무엇인지 명확하게 알려줄 필요가 있다.

4. State of the Business(현재 상황): 비즈니스적 관점에서 왜 중요한지 설명하는 것으로 현재 상황이 어떠한지를 바탕으로 왜 이 일을 추진해야 하는지 배경과 같은 역할을 하지만 문제 상황에 초점을 맞추어 비즈니스적으로 발생하고 있는 상태에 대해 가급적 구체적으로 전달해야 하며 이 역시 데이터를 기반으로 전달하는 것이 좋다.

5. Lesson Learned(배운 것): 신생 팀이 아니라면 대부분 이전의 시도들에 대한 기록을 가지고 있다. 여기서 핵심은 Lesson learned를 바탕으로 다음을 기약해야지 오히려 반대의 선입견을 가져서는 안 된다는 것이다.

6. Strategic Priorities(실행 계획): 구체적인 실행 방법으로 전체 6pager의 50~70%를 차지한다. 실행 계획은 가급적 구체적으로 적어야 모두가 내용을 쉽게 이해할 수 있다. 이 실행 계획에는 유저 시나리오를 넣는 것도 이해를 돕는 데 도움이 된다. 실행 계획을 글로 나열하는 것이 전달력이 떨어질 것이라 생각할 수 있지만 UI를 보고 진행하는 것만큼의 효과를 가지는 경우가 많다.

6pager를 활용한 커뮤니케이션

6pager를 활용하는 기업이나 팀이 생각보다 많고 실제로 실행해 보면 정말 많은 미스커뮤니케이션을 개선하는 효과를 줄 수 있다는 것을 알 수 있다. 과거 매월 이루어지는 타운홀 행사를 PPT를 활용해 진행했었다. 거의 1년이라는 기간 동안 타운홀을 진행했지만 기억에 남는 내용이 없는 경우가 많았다. 결국 커뮤니케이션의 방향이 일방향이었고 청중인 구성원들이 충분한 공감을 이루어내기에는 다소 시간이 부족했을 것이다.

그래서 다소 설득력이 떨어지는 내용에 대해서도 그저 그렇게 넘어가곤 했다. 그래서 타운홀에서 공유하는 내용에도 6pager를 적용해 보기로 했다. 타운홀에서 발표하는 시간 전에 종이로 인쇄된 6pager를 구성원들에게 나누어 주고 약 10분 정도의 시간 동안 내용을 정독하게 했다. 그리고 같은 내용을 발표했다.
이전에는 한두 건 정도의 질문으로 끝나던 타운홀이 더 많은 질문과 피드백으로 이루어지는 말 그대로 내실 있는 시간이 되었다.

6pager는 상위 레벨의 문서라고 생각해도 좋다. 그래서 큰 방향에 대한 결정을 위해 주로 활용한다. 작은 단위의 업무에까지 6pager를 적용하는 것은 생각보다 시간이 많이 필요하기 때문이다. 실제로 6pager를 작성해 본다면 그 이유를 쉽게 알 수 있다. 그래서 조금 더 작은 단위의 업무를 추진하기 위한 커뮤니케이션 툴로 1pager를 실무에서 많이 활용한다. 1pager는 6pager와

같이 한 장의 A4용지를 기준으로 작성한다. 실제 업무에서는 JIRA 툴을 활용하여 작성하기도 한다.

1pager의 내용은 아래와 같이 정리되어 있다.

- 배경
- 문제
- 고객 정의
- 핵심 전략
- 성과 지표
- 개발 범위

1pager에서 핵심은 문제를 명확하게 하는 것과 이 문제를 겪는 유저가 누구인지 고객을 정의하는 문제를 해결함으로써 얻는 이익을 정량화하여 성과 지표를 정리하는 것이다.

배경을 작성할 때에는 6pager와 마찬가지로 업무를 추진하게 되는 이유를 명확하게 설명하고, 이에 따라 발생하는 문제점을 이어서 작성한다. 문제가 명확하지 않으면 뒤이어 나오는, 문제를 겪고 있는 고객이 누구인지와 핵심 전략을 비롯해 개발 범위까지도 작성이 어려워진다. 따라서 문제가 정말 문제인지를 심도 있게 고민해 볼 필요가 있다.

성과 지표는 이 문제를 해결함으로써 얻게 되는 이익이라고 설명했다. 그 이익이 회사의 이익보다는 고객의 이익인 것이 더 좋다. 결국 제품을 사용하는 고객이 우리가 지칭하는 사용자이기 때문이다. 사용자의 경험을 개선하기 위해 개발 범위를 산출한다. 이 마지막 단계가 바로 MVP를 만드는 것을 의미한다.

6pager나 1pager 역시 본래의 목적대로 동작하기 위해서는 무엇보다도 '공감대'가 중요하다. 많은 제품 관리자들은 기존의 제품을 개선하거나 새로운 과

업을 진행하기 전에 많은 고민의 시간을 보내지만 참여하는 구성원들은 그만큼의 고민의 시간을 갖기 어렵다. 그래서 공감대를 형성하는 데 어려움이 발생할 수밖에 없다.

이럴 때에는 충분한 시간을 들여 각각의 제품의 방향을 설명하고 공감을 얻어내는 과정도 중요하지만 구체적인 목표를 제시하는 것으로 이를 대신할 수 있다.

10-6

모든 것이 정량적일 수는 없다

생각보다 많은 사람들이 정량적인 결과를 만들 수 있는 개발을 해내야 한다고 생각한다. 나는 이것이 일종의 잘못된 업무 문화와 결과주의로 인해 발생된 강박이라고 생각한다.

이후에 다루게 될 스프린트에서 매 스프린트마다 모든 제품 담당자가 결과를 극대화할 무언가를 만들어내야만 하는 것은 아니다. 각 스프린트가 유기적으로 연결되어 두세 개의 스프린트가 합쳐져 새로운 결과를 만들어내는 경우가 더 많기 때문이다.

따라서 정량적인 목표는 수립하되 스프린트마다 정량적인 결과를 도출해야한다는 강박은 갖지 않기를 바란다. 다만 이를 악용해서는 안 된다. 당장 결과가 나오지 않는 상태를 정상적인 단계로 해석해 버려서는 안 된다는 말이다. 따라서 기대하는 결과를 도출하기 어려운 상황이 예상되면 모두에게 이를 공유하고 빠르게 방향을 전환할 수 있는 용기 또한 필요하다. 잘못된 방향 제시로 인해 발생할 수 있는 부끄러움은 잠시이기 때문이다.

정량적인 목표치 달성을 목표로 하지 않는 스프린트는 아래의 내용을 명확하게 준비하는 것이 좋다.

1. **목표의 성격**: 정량적인 목표는 측정 가능하고 구체적인 결과를 추구할 때 유용하다. 예를 들어, 특정 기능을 완료하거나 버그를 해결하는 것처럼 명확한 산출물을

원할 때 적합한 것이다. 하지만 탐색적 작업이나 연구, 프로토타입 개발 등에서는 정량적인 목표보다는 질적인 목표가 더 적합할 수 있다.

2. **팀의 성숙도**: 경험이 많고 성숙한 팀은 정량적인 목표를 세우고 이를 달성하는 데 능숙할 수 있다. 하지만, 신생 팀이나 변화가 많은 환경에서는 정량적인 목표가 오히려 부담이 될 수 있다. 이럴 때는 팀의 시장 환경에 대한 학습과 업무 협력에 초점을 맞춘 질적인 목표가 더 도움이 될 수 있다.

3. **프로젝트의 단계**: 프로젝트의 초기 단계에서는 요구사항이 불확실하고 빈번하게 변경될 수 있다. 이러한 상황에서는 정량적인 목표보다는 목표의 방향성을 잡는 것이 더 중요할 수 있다. 반면, 프로젝트가 고도화되어 가면서 더 구체적인 목표를 설정하고 이를 정량화하는 것이 유리할 수 있다.

4. **유연성**: 스프린트 목표는 팀이 방향성을 잡고 집중할 수 있도록 돕는 것이 목적이다. 따라서 목표가 너무 정량적이어서 팀의 유연성을 해치는 경우, 목표의 성격을 재고할 필요가 있다.

따라서, 모든 스프린트마다 정량적인 목표를 세워야 한다는 규칙을 고집하기보다는, 상황에 맞게 정량적인 목표와 질적인 목표를 균형 있게 설정하는 것이 중요하다.

11

일의 시작 백로그

11-1

백로그 정리

스크럼 스프린트를 시작하기에 앞서 스크럼 마스터 혹은 제품 관리자는 백로 그를 생성하는 과정에서부터 일의 준비를 시작한다.

백로그(Backlog)는 프로젝트 관리, 소프트웨어 개발, 업무 관리 등 다양한 분야에 서 사용되는 용어로, 완료되지 않은 작업 항목들의 리스트나 목록을 가리킨다. 원활한 제품 개발을 진행하기 위해 왜 이 제품을 만들어야 하는지, 이 제품을 만들기 위해서 어떠한 방법을 쓸 것인지에 대해서 정리가 되었다면 이는 곧 개발에 필요한 일감이 어느 정도 목록화되어 정리가 가능하다는 것이다. 이 렇게 목록으로 정리된 일감들을 프로덕트 백로그라고 부른다.

백로그를 효율적으로 관리하기 위한 소프트웨어로는 대표적으로 Jira가 있다.

Jira의 계정을 만들고 새로운 프로젝트를 생성할 때 스프린트의 진행을 위해서 다양한 템플릿(Template) 중 대부분 '스크럼' 템플릿을 사용한다. Jira는 이외에도 세일즈, 마케팅, 디자인뿐만 아니라 다양한 비즈니스에서 과업을 관리하기 위한 템플릿을 제공하고 있다.

스크럼 템플릿을 사용하면 백로그에 원하는 작업 목록을 생성하고 스프린트 주기를 설정하여 업무를 트래킹할 수 있다. 그 밖에도 노션(Notion)의 데이터 테이블 기능을 활용한 스프린트 운영도 가능하다.

이 외에도 다양한 제품이 스프린트를 운영하는 데 효율적인 기능들을 제공하고 있다. 이 중 Jira는 Confluence를 활용하여 회고록을 자동으로 생성하는 등 단기적으로나 장기적으로 업무를 트래킹하고 협업하는 데 있어 오랜 노하우를 갖고 있는 만큼 Jira를 사용하는 것을 추천하는 편이다. 또한 다양한 커스텀 기능을 제공하고 있어 팀이 원하는 기능을 추가하여 사용하는 것도 가능하다.

스크럼 템플릿을 활용하여 Jira 프로젝트를 생성하면 칸반 화면을 먼저 확인할 수 있다. '할 일 - 진행 중 - 완료'로 구성된 화면에서 Jira는 비어있는 칸반을 채우기 위해 '백로그로 이동'이라는 버튼을 보여주고, 사용자에게 백로그 생성을 유도한다.

백로그에는 아직 처리되지 않은 업무, 작업, 요구사항 등 다양한 내용이 포함된다.

백로그는 작업의 우선순위, 상태, 예상 소요 시간, 담당자, 생성자 등 내용을 회사의 업무 형태에 맞게 변경할 수 있다. 앞서 언급했던 우선순위 역시 이러한 백로그에 포함된다. 그렇다면 백로그는 어떻게 작성하는 것이 좋을까?

11-2

스토리(Story) 기반 백로그

스토리란 '요구사항'이라고 부르는 백로그를 작성할 때 기능을 중심으로 서술하는 것이 아니라 사용자의 관점에서 서술하는 것을 말한다. 그렇다고 모든 백로그를 스토리로 작성해야 하는 것은 아니다.

스토리를 작성하기 위해서는 기본적으로 사용자에 대한 정의가 우선되어야 한다. 이는 페르소나(Persona, 서비스나 제품을 사용하는 다양한 유형의 사용자를 대표하는 가상의 인물)와 유사한 개념으로 이 제품이나 기능을 개발하였을 때 어떠한 사용자를 대상으로 하는지에 대한 개념을 먼저 정리해 두는 것이다. 가능한 한 구체적으로 사용자의 필요(Needs)에 대해 서술하면 된다.

예시

- 어린 자녀를 둔 부모
- 아이들이 환절기에 감기에 자주 걸림
- 잦은 병원 방문이 필요함
- 자주 방문하는 병원의 대기 시간이 긺
- 긴 대기 시간이 지루해서 대부분의 시간을 병원 밖에서 보냄
- 대기 시간 동안 밖에 있다 보니 진료 순서를 놓치기도 함

위와 같이 사용자의 상태나 상황에 대해 대략적인 정리가 되었다면 구체적인 목표를 잡아야 한다. 위 사례를 기준으로 사용자의 세부적인 니즈를 기반으로 한 목표를 정의해 보면 다음과 같이 정의할 수 있다.

예시

- 대기 시간 동안 병원에 있지 않고 효율적으로 시간을 보내면서 진료 순서를 놓치지 않고 싶다

스토리를 작성하는 어떠한 틀이 구체적으로 정해져 있지는 않지만 대부분 "[사용자]는 [무엇]때문에 [목표]를 원한다." 혹은 "[누구]로서, [무엇]을 하여, [목적]을 이루고 싶다."라고 작성하는 것이 일반적이다. 다만 이 문장은 너무 길지 않은 것이 좋다.

길게 작성된 문장은 이해하는 데 오래 걸리고 간결하게 정리되지 않으면 대부분 본래의 목표를 벗어날 가능성이 높다. 또한 이렇게 작성된 스토리는 제품 담당자만 보는 것이 아니라 개발자와 디자이너도 함께 보는 것이기 때문에 가급적 간결한 것이 좋다.

예시

- 소아과에 방문하는 부모는,
- 병원의 긴 대기 시간 때문에,
- 대기 시간을 효율적으로 사용하고 싶어 한다

위와 같이 작성되는 스토리 기반 백로그들은 사용자를 중심으로 작성된다는 점에서 기존의 개발 요구사항과는 차이가 생기게 된다. 기존의 일반적인 요구사항 정의서의 경우에는 개발이 필요한 기능을 나열하는 것에 초점을 맞추고 있었다. 따라서 '로그인 기능 개발'과 같이 간략하게 작성되며 기능을 중심으로만 작성하게 된다.

이와 같이 작성된 요구사항이 잘못된 것은 아니지만 팀이 스프린트를 진행하면서 어떠한 작업을 완료했을 때 '왜 우리가 이 작업을 했는가'에 대해 모두가 공감하기는 어려울 것이다.

결론적으로 대부분의 애자일 방법론에서 중요한 부분으로 간주되는 스토리 기반 백로그 작성 방법은 사용자 스토리가 팀의 작업을 사용자 중심으로 정렬하고, 가치 전달을 최우선으로 하도록 돕는다. 하지만, 이 방법이 항상 필수적인 것은 아니며, 특정 상황에 맞게 다른 접근 방식이 필요할 수도 있다. 예를 들어, 기술 중심의 프로젝트나 사용자 스토리로 표현하기 어려운 복잡한 시스템 요구사항이 있는 경우, 다른 방식으로 백로그를 관리할 수 있다. 이러한 경우, 기능이나 모듈, 기술적 작업 기반으로 백로그를 작성하는 것이 더 나은 방법일 것이다. 따라서 프로젝트나 프로덕트의 성격과 필요에 따른 접근 방식을 선택하는 것이 중요하다.

11-3

백로그가 쌓인 것은 문제인가?

백로그를 어떻게 관리하고 있는지를 살펴보면 그 팀이 얼마나 민첩하게 일하고 있는지를 알 수 있다. 제품 관리자가 백로그를 잘 관리해야 하는 것도 같은 맥락이다. 백로그의 내용이 그저 되면 좋은 것이거나 그저 원하는 것인지 또는 사용자의 요구사항인지 구분해야 한다.

사용자의 요구사항이 아닌 위시리스트로 전락해 버린 백로그는 아래와 같은 형태나 현상을 보이게 마련이다.

- 생성 후 오랜 시간 동안 방치된 상태의 백로그가 있다
- 구체적인 내용 없이 타이틀만 있다
- 백로그를 메모장처럼 쓰면서 잊지 않아야 할 것들을 넣어뒀다
- 백로그가 수십 개에서 수백 개에 달한다
- 지우긴 애매하고 실행하기는 두려운 것들이 존재한다

만약 이런 상태라면 모든 백로그 항목을 삭제해도 일에 아무런 지장이 없다고 봐도 된다. 그렇다고 하더라도 백로그가 쌓여 있는 것이 잘못된 것은 아니다. 그러나 왜 백로그가 쌓여갈 수밖에 없는지 이유를 찾아야 한다.

백로그가 통제 불가능한 수준으로 과도하게 누적된다는 것은 일의 추진이 더디거나 백로그를 애초에 잘못 생성한 경우 두 가지밖에 없다. 대부분은 불필요한 생성 때문에 위와 같은 상황이 발생했을 수 있지만 일을 추진하는 데 있어 병목이 있는 것은 아닌지 반드시 살펴보아야 한다.

여기에서 우리는 팀의 속도를 계산할 수 있다. 팀이 한 스프린트 기간 동안 얼마나 많은 일을 해내는가 즉, 생산성을 측정할 수 있는 것이다. 요구사항은 많지만 팀의 생산성이 낮은 상태라면 이를 극복할 수 있는 방법을 찾아야 한다.

백로그가 쌓이기 시작하면 일의 병목을 찾아 해결하자.

그다음은 백로그를 불필요하게 생성하고 있는 것은 아닌지 살펴보아야 한다. 간혹 요구사항이 명확하게 정리되어 있지 않은 상태로 백로그에 두어 마치 메모처럼 사용하는 경우가 있다.

또한 우선순위 관리가 잘 되지 않는지도 살펴봐야 한다. 백로그에 너무 많은 항목이 쌓이면, 중요한 항목과 덜 중요한 항목을 구분하는 것이 어려워질 수 있다. 이는 팀이 잘못된 우선순위를 설정하거나, 중요한 작업이 묻혀버리는 상황을 초래할 수 있다.

마찬가지로 중요한 기술적 작업이나 유지보수 작업이 백로그에 방치될 경우, 시간이 지남에 따라 기술 부채가 쌓이게 되어 향후 개발 속도와 품질에 악영향을 미칠 수 있다.

백로그가 지나치게 많아지면, 팀이 다음에 무엇을 해야 할지 결정하는 데 시간이 더 오래 걸리고, 백로그를 정리하고 관리하는 데 많은 자원이 소모되는 것은 당연하다.
따라서 팀의 자원을 효율적으로 활용하기 위해서라도 제품 담당자는 주기적으로 적절한 백로그의 관리를 진행해야만 한다.

11-4

백로그는 증식하는 게 당연하다?

앞선 두 가지의 경우가 아니더라도 사실 백로그는 스프린트를 진행해 가면서 증식하는 것이 당연할지도 모르겠다. 백로그 정제를 꾸준히 하더라도 일정 시간이 지나면 또다시 쌓여있는 백로그를 볼 수밖에 없다.

만약 팀이 다루고 있는 제품이 한 가지라고 하더라도 스프린트라는 기간을 통해 업무를 쪼개서 진행하는 경우가 많기 때문에 백로그는 시간이 지남에 따라 자연스럽게 증가할 수밖에 없다. 우선순위가 조절되면서 지난주까지는 시급성이 낮았던 업무가 이번 주에는 시급성이 높아질 수 있고, 반대로 시급성이 높아 보였던 업무가 시간이 지남에 따라 시급성이 낮아지는 경우도 상당히 많다.

결과적으로 업무를 세분화하며 진행하는 스프린트의 업무 특성상 잘게 쪼개지는 업무가 백로그를 자연스럽게 증가하게 만들고 시장의 반응에 따라 우선순위가 조정되어 오랜 시간 백로그에 남게 되는 것이다. 만약 이런 경우라면 과감하게 백로그를 정리하는 것이 좋다. 백로그에는 향후 진행할 두 개 정도의 스프린트 동안 처리할 수 있는 과업을 선택하여 정리해 둔다. 그리고 이 과업의 내용은 최대한 가독성 있는 상태로 정리해 두면 된다.

이미 수백 개의 백로그가 쌓여 있다면 몇 가지의 기준을 두고 정리해 보자. 2개 이상의 스프린트 동안 남아있는 과업이라면 별도의 위시리스트 정도로 옮겨두고 백로그에서는 삭제한다. 다만 이 과정에서도 반드시 협의가 필요하다. 독단적인 결정은 어떠한 경우에도 팀에 좋지 않다.

TIP 백로그가 쌓이는 것이 자연스러운 이유

· **진화하는 요구사항**: 프로젝트가 진행됨에 따라 새로운 요구사항이 추가되는 것은 자연스러운 일입니다. 시장 변화, 사용자 피드백, 기술적 고려 사항에 따라 백로그에 새로운 항목이 계속해서 추가될 수 있습니다.

· **아이디어 저장소**: 백로그는 단순한 작업 목록 이상으로, 향후에 고려할 수 있는 아이디어나 가능성을 저장하는 곳이기도 합니다. 모든 아이디어를 즉시 작업으로 진행할 필요는 없으므로, 백로그에 아이템이 쌓이는 것은 자연스러운 현상입니다.

11-5

팀에 적합한 백로그의 양

우리 팀이 어느 정도의 백로그 개수를 갖는 것이 적절한지를 계산해 두는 것은 생각보다 좋은 관리 방법 중 한 가지이다. 이를 관리하는 방법은 제품 관리자마다 차이가 있을 수 있지만 보통은 팀이 스프린트 기간 동안 처리했던 스토리의 수를 보고 판단한다.

팀이 다루는 제품이 두 가지가 있다고 해보자. 앱과 앱을 관리하는 어드민 웹으로 구성된 제품을 한 스프린트 기간 동안 5가지씩 수행했고 기간 내에 모두 완료했다면 팀은 10개의 스토리를 해결할 수 있는 팀이다. 그렇다면 백로그는 두 배수인 20개 정도가 적절하다. 적절한 백로그를 쌓아두는 것은 구성원이 향후 스프린트가 어떠한 방향으로 진행될지 알아볼 수 있는 척도가 된다. 따라서 앞서 언급했던 내용을 기반으로 가독성 있게 단순 위시리스트가 아닌 백로그를 준비하는 것이 좋다. 하지만 백로그의 수가 곧 팀이 할 수 있는 일의 양을 정확하게 보여주지 못하는 경우도 있다. 스토리 한 개를 처리하는 작업의 난이도가 낮아 하루 이틀 만에 작업이 완료될 수도 있고, 기술적 난이도나 외부 협력으로 인해 스프린트 기간을 모두 활용해야 하는 경우도 있는 등 다양한 내·외부 변수가 존재하기 때문이다.

자, 그렇다면 목표에 대해 공유하고, 해야 할 일도 어느 정도 정리가 되었다. 그러면 이제 스프린트를 진행하기 위해 우리 팀이 할 수 있는 업무의 양을 조금 더 정확하게 산출해 보자.

TIP 백로그가 과도하게 쌓이는 문제를 해결하는 방법

정기적인 백로그 그루밍(Backlog Grooming): 팀은 정기적으로 백로그를 검토하고, 우선순위를 재조정하며, 필요 없는 항목을 삭제하는 작업을 해야 합니다. 이 과정에서 팀은 어떤 항목이 중요한지, 어떤 항목이 나중에 다뤄질 수 있는지를 명확히 할 수 있습니다.

우선순위 명확화: 제품 소유자(Product Owner)는 백로그 항목에 대해 명확한 우선순위를 설정해야 합니다. 이를 통해 팀은 중요한 항목에 집중할 수 있고, 덜 중요한 항목은 자연스럽게 뒤로 밀리거나 삭제될 수 있습니다.

'ICE' 또는 'RICE' 프레임워크 사용: 우선순위를 정하는 데 도움이 되는 프레임워크(Impact, Confidence, Ease or Reach, Impact, Confidence, Effort)를 사용하여 백로그 항목의 중요도와 실현 가능성을 평가할 수 있습니다.

주기적인 클리어링: 오래된 항목이 백로그에 쌓여 있다면, 주기적으로 이를 정리하는 것이 필요합니다. 일정 기간 동안 작업이 이루어지지 않은 항목은 백로그에서 제거하거나 별도의 저장소로 이동시켜 관리할 수 있습니다.

선호도 투표 사용: 팀이 백로그의 항목들에 대해 선호도 투표를 하게 하여, 모든 팀원이 어떤 항목을 가장 중요하게 생각하는지에 대한 의견을 모을 수 있습니다. 이는 중요한 항목이 우선적으로 처리되도록 도와줍니다.

명확한 정의와 조건: 백로그 항목을 명확하게 정의하고, 각 항목이 백로그에 들어가기 위한 조건을 설정하면, 품질이 낮거나 불명확한 항목이 쌓이는 것을 방지할 수 있습니다.

12

작업량의 산출

12-1

합리적인 견적을 산출하는 방법

모든 일은 다 마찬가지지만 무언가 미래의 상황을 예측하는 것은 아주 어려운 일이다. 소프트웨어 개발자에게 있어서 어려운 업무 중 한 가지가 작업 기간에 대한 예측일 것이다. 간혹 작업의 양을 과소하게 평가했다가 스프린트 기간을 넘겨 작업하는 일을 우리는 업무 과정에서 생각보다 많이 발견할 수 있다. 먼저 합리적인 작업 기간을 예측하기 위해서는 백로그에 대한 깊이 있는 논의가 필요하다.

그래서 우리 팀은 스프린트 기간에 다음 스프린트에서 연속적으로 진행할 일들에 대해 공유하는 자리를 최소 3회 이상 갖고 있다. 최종적인 작업량을 산출하기 전에 각자가 맡아 진행할 업무에 대해서 미리 판단하도록 하여 조금 더 예측성을 높이는 과정을 거치는 것이다. 그리고 이러한 회의는 가급적 40분 이내로 마친다.

이러한 논의 과정을 '스프린트 준비를 위한 싱크' 정도로 팀원들과 공유하고 있다. 이 과정에는 어느 정도 수준의 참여자가 적합할까 사실 이에 대한 명확한 답은 아직 찾지 못한 것 같다.

구성원은 단순히 개발하는 일만을 원하는 것이 아니라 제품의 기획 과정부터 결과를 만들어가는 과정까지 함께하고 싶어 하는 니즈가 높기 때문이다. 따라서 잦은 Interrupt로 인해 제품 개발 과정에 방해가 되지 않는 선에서 적절한 참여를 유도하고 그 과정에서 각자의 의견이 충분히 반영되어 제품을 함께 만들어 간다는 인상을 심어줄 필요가 있다. OKR(Objectives and Key Results)을 정하는 과정도 마찬가지로 구성원의 참여가 중요하다. 과정을 빼앗긴 구성원에게 몰입을 바라는 것은 혁신과 도전을 핵심 가치로 하는 스타트업의 문화에 적합하지 않다.

의사결정을 소수가 하고, 그 소수가 결정한 사항을 공유하는 형식은 구성원에게 몰입을 유도할 수 없다. 제품의 개발 과정도 마찬가지다. 구성원이 과정에 참여할 수 있도록 유도하고 가급적 모두의 합의를 이루어내는 과정을 함께할 때 더 좋은 결과물이 도출된다.

이러한 사전 공유를 마치고 나서 최종적으로 백로그에 등록된 일감이 어느 정도 작업의 난이도를 갖게 될지에 대해 팀원들과 논의하여 결정하는 시간이 필요하다. 이를 스토리 포인트 산출이라고 표현한다.

12-2

스토리 포인트에 대한 오해

"이 제품을 개발하는 데, 일정은 얼마나 필요할까요?"

소프트웨어 개발을 비롯해 제품을 만들 때 대부분 위와 같은 질문을 가장 많이 한다. 과거나 지금이나 우리가 흔히 소프트웨어를 개발할 때는 일, 주, 월 단위로 결과가 만들어질 기간의 형식으로 추정치를 제공한다. 이러한 경험 때문인지 스토리 포인트를 제품 개발의 기간으로 오인하는 경우가 많지만 스토리 포인트는 제품 개발 기간을 의미하지 않는다.

스토리 포인트는 제품 백로그를 완전히 구현하는 데 필요한 전반적인 노력을 표현하기 위한 측정 단위이며, 결과를 만들어내는 데 필요한 시간은 아니라는 말이다. 간혹 스토리 포인트를 시간으로 생각하는 경우가 있다. 스토리 포인트 1을 1시간으로 환산하고 스토리 포인트 5를 산출할 때 5시간 정도의 작업량이라고 생각하지 말라는 뜻이다.

기간을 산출하는 것이 의미 없는 이유는 어차피 스토리로 작성된 백로그는 해당 스프린트 기간(2주) 내에 '동작'하도록 만드는 것이 목표이므로 기간은 스프린트 기간 내에 마치면 되기 때문이다. 그래서 스토리 포인트는 작업의 복잡성과 리스크를 비롯한 다양한 불확실성을 기반으로 할당해야 한다. 하루에 업무하는 시간이 8시간이라고 가정해 본다면 사람마다 집중하여 업무를 처리할 수 있는 시간이 어느 정도 정해져 있다.

우리는 회사에 출근해서 온종일 일만 하지는 않는다. 다양한 이해관계자와 미팅을 하기도 하고 이메일을 작성하거나 커피 한잔을 하며 여유를 즐기기도 한다. 스토리 포인트는 작업이 얼마나 난도가 높은지를 측정하는 지표다.

1포인트를 부여한 과업에 하루의 시간이 필요하다고 생각할 때 5포인트를 부여한 과업이 5일이 걸리는 것은 아니라는 말이다. 5포인트의 과업은 1포인트보다 다섯 배 더 어려운 작업을 나타낸다.

해당 스프린트 기간 동안 얼마나 더 난도가 높은 작업을 수행하는가를 통해 개인이 업무를 진행하는 데 있어 적절한 시간을 자율적으로 배정하도록 하는 것이 목적인 것이다. 그래서 높은 스토리 포인트를 부여받는 팀원은 낮은 스토리 포인트를 수행하는 팀원보다 더 많은 문제를 해결하는 것으로 평가되어야 한다. 그렇다고 스토리 포인트가 많다는 것을 단순히 일을 많이 한다는 것으로 생각해서는 안 된다.

스토리 포인트가 작업의 난이도를 나타내지만, 개인에 따라 난도가 높은 일을 처리하는 데 들어가는 시간은 다를 수 있기 때문이다. 그래서 더 높은 가치를 수행한 사람으로 인식되는 것이 애자일에서 요구하는 진짜 스토리 포인트의 가치다. 하지만 대다수의 회사에서 스토리 포인트를 오용하고 있다. 앞서 이야기한 것처럼 작업을 처리하기 위해 걸리는 시간으로 생각하고 스토리 포인트를 부여하는 것이 가장 일반적인 오용의 사례일 것이다.

만약 작업의 종료일이 필요한 경우라면 Due date를 정하는 것이 더 나은 방법이다. 스토리 포인트를 만든 James W. Grenning이 소개한 자료를 그대로 발췌하여 설명하고자 한다. 오른편의 이미지를 보면 눈이 가득 쌓인 모습을 볼 수 있다.

이 눈을 치우는 데 얼마나 걸릴까? 하고 질문해 본다면 각자 눈을 치우는 방법을 머릿속으로 떠올릴 것이다. 군대에서 삽으로 눈을 퍼 나르며 치우던 경험이 있다면 그만큼의 시간을 생각할 수 있고, 한 번도 눈을 치우지 않았다면 얼마나 시간이 발생할지 예측하기 어렵다. 하지만 오른편처럼 기계를 이용해 단 몇 초 만에 눈을 치울 수도 있다. 그래서 시간을 기반으로 추정하는 것에 대해 부정적인 James W. Grenning는 이렇게 말했다.

- 우리는 그 일을 너무 잘하지 못한다.
- 추정되는 것이 작을 때는 괜찮다.
- 일이 클 때는 끔찍하다.
- 우리는 낙천주의자다.
- 개인마다 기술과 능력이 매우 다르다.

그렇다면 이제 무엇을 통해 더 합리적인 작업량을 산출할 수 있을까?

12-3

플래닝 포커

스토리 포인트를 산출할 때 모든 개발자가 참여하는 것이 좋다. 백엔드 엔지니어가 프론트 개발에 참여하여 스토리 포인트를 산출하거나 반대의 경우라도 마찬가지이다. 분야가 다르다고 하지만 대부분 서로 연관된 업무를 추진하기 때문에 스토리 포인트를 산출하는 과정에 가급적 구성원 중 모든 개발자가 참여하는 것이 좋다.

스토리 포인트를 산출하기 위해 애자일 조직에서 가장 많이 사용하는 방법은 플래닝 포커(Planning Poker)다. 개발의 완료 조건이 Social 계정을 이용하여 로그인할 수 있도록 만드는 것이라고 가정해 보자. 그러면 이때 React Native 라는 개발 언어를 사용해야 한다. 해당 언어를 오랜 기간 다루어본 A 개발자는 5시간 정도면 충분하다는 견적을 제시한다. 하지만 B 개발자는 해당 언어를 다루어본 경험이 부족하다. 그래서 13시간이라는 견적을 제출했다.

위 사례에서 이야기하고자 하는 것은 시간을 기준으로 견적을 정확하게 산출하는 데 분명 어려움이 존재한다는 것이다. 시간을 기준으로 견적을 산출하게 되면 사람 개개인에게 귀속되는 속인화가 발생하게 된다. 하지만 팀으로 구성된 대다수의 조직에서 팀 전체의 스킬 레벨에 차이가 없는 경우는 없다.
시니어와 주니어 개발자의 경력 차이뿐만 아니라 해당 제품을 만들어본 경험의 차이도 분명 존재할 것이기 때문이다. 결국 할 수 있는 사람이 계속 같은 일을 반복하게 되거나 경험이 없다면 작업 기한을 정확하게 예측할 수 없는 견적이 산출되게 된다.

그래서 정확한 시간 견적을 제공한다는 것은 애초에 불가능한 일이다. 대부분 외주 개발을 맡겨본 경험이 있다면 시간을 기준으로 견적을 받게 된다. 하지만 6개월, 1년과 같이 상호 간에 실제 속도를 예측하기 어려운 기간을 외주 개발 업체로부터 받아보았을 것이다.

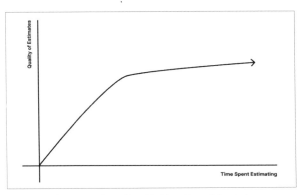

"More Time Spent Does Not Mean Better Estimates"

위 이미지는 스토리 포인트를 만든 James W. Grenning이 2008년에 만든 "Planning poker and beyond the Planning poker party"라는 발표 자료에 있는 그래프다. 개발을 위한 기간을 견적 내는 산출 시간이 증가한다고 하더라도 견적 자체의 퀄리티가 계속 증가하지는 않는다는 것을 보여주는 그래프로, 개발 기간을 산출하는 데 많은 시간을 할애하지 않도록 하기 위한 설명으로 위 자료를 제시했다.

그래서 플래닝 포커는 더 많은 시간을 사용하는 것이 더 나은 견적을 제공하지 않고, 더 나은 결과를 제공하지 못한다는 것을 기반으로 만들어졌다. 플래닝 포커는 절대적인 시간을 기준으로 하는 견적이 아니라 상대적으로 정하는 과업의 난도에 대한 견적 산출이다. 상대적이라는 것의 의미는 두 가지다. 이것을 이야기하기 전에 우리는 플래닝 포커의 구조를 한번 살펴볼 필요가 있다.

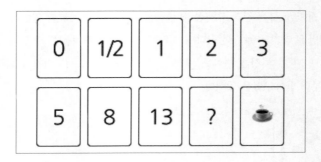

플래닝 포커는 말 그대로 계획을 위해 포커와 같이 카드를 들고 백로그마다 자신이 생각하는 견적을 제공하는 것이다. 0, ½, 1, 2, 3, 5, 8, 13, 20, 40, 100이라는 숫자가 적힌 카드를 비롯해 잘 모르겠다는 의견을 줄 때 사용할 물음표 카드와 커피 그림이 있는 휴식 카드까지 있다.

피보나치수열을 사용하는 이유는 큰 아이템의 공수를 산정하는 과정에 내재된 불확실성을 반영하기 위해서이다. 하지만 플래닝 포커에서는 정확한 피보나치를 사용하지는 않는다. 이를 설명한 이유는 숫자가 작을 때에는 우리가 인식하고 계산하기 쉽지만 수가 커지면 어려워지기 때문이라는 아주 단순한 이유다. 13, 21과 같은 수보다는 10, 15, 20이라는 숫자가 더 계산이 편한 것이 사실이다.

이 수는 날짜나 시간을 의미하지 않는다. 하지만 이 카드를 날짜나 시간으로 환산하여 사용하는 팀이 적지 않다. 그리고 상당히 많은 매체에서 날짜와 시간으로 정보를 잘못 전달하고 있다.

플래닝 포커의 숫자에 대한 원칙
- 숫자가 낮을수록 해상도가 높다.
- 추정치가 증가함에 따라 불확실성도 증가하므로 격차도 커진다.
- 각 숫자는 평균 추측을 나타낸다.
- 스토리 작업을 실행하기 위해서는 10 미만, 아마도 5 미만인 것이 좋다.
- 숫자는 머릿속에서 쉽게 덧셈과 곱셈이 가능해야 한다.

12-4

플래닝 포커 진행 방법

플래닝 포커를 진행하는 방법은 어렵지 않다. 상당히 많은 제품이 개발되어 있으므로 온라인에서 planning poker online을 검색하면 다양한 웹 제품을 찾아볼 수 있고 심지어 앱으로 만들어진 제품도 많이 찾아볼 수 있다.

실물 카드를 사용해서 플래닝 포커를 진행하는 방법도 있다. 어릴 적 가족끼리 가끔 재미로 해보던 '화투' 모양의 제품도 찾아볼 수 있다.

플래닝 포커를 진행하기 위해서 진행자와 구성원이 각각 어떠한 방식으로 진행하는지 살펴보자. 진행자는 미팅에 참석하지만 직접 공수를 산정하거나 수치를 말하지 않는다. 제품 담당자는 다음 스프린트에 진행할 이슈를 스토리 단위로 설명하고 팀원들이 충분히 이해할 수 있도록 한다. 각각의 플레이어인 개발자들은 모두 각자의 카드를 휴대하고 있거나 온라인 플래닝 포커에 접속한다. 참여자는 제품 담당자의 설명을 기반으로 각자가 생각한 난이도를 파악하여 카드를 선택한다.

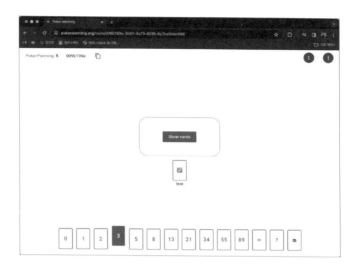

선택한 카드를 제출하고 모두가 공개할 때까지 자신이 선택한 카드를 보여주지 않는다. 모든 구성원이 카드를 내면 한 번에 카드를 오픈하여 각자의 카드에 적힌 숫자를 파악한다.

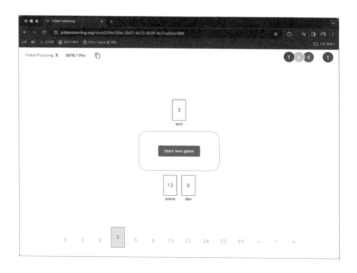

위 플래닝 포커에서 세 사람이 각자 3, 8, 13이라는 숫자를 제시했다. 이러한 경우 이를 어떻게 해석하면 좋을까?

가장 작은 수를 제시한 사람은 해당 스토리를 개발하는 데 있어 난도가 낮다고 판단한 것이고 가장 높은 숫자를 제시한 사람은 해당 스토리를 개발하는 난도가 높다고 본 것이다. 이런 경우 진행자는 가장 작은 숫자와 큰 숫자를 제출한 사람에게 각각 어떠한 이유로 위와 같은 결론에 도달했는지 토론할 수 있게 한다.

작은 수를 제시한 사람이 더 나은 대안을 가지고 있다면 가장 높은 수를 제시한 사람은 이 문제를 해결하는 방법을 얻게 될 수 있고, 만약 작은 수를 제시한 사람이 실제보다 과소하게 난이도를 평가했다면 어떤 부분을 더 신경 썼어야 하는지에 대해 서로 정보를 교류할 수 있다. 이러한 과정을 통해서 모든 구성원이 하나의 스토리에 대해 생각할 시간과 제품 개발에 참여하고 있다는 동기를 얻을 수 있다.

여기서 주의할 점은 하나의 스토리에 대해 너무 많은 시간을 할애해서는 안 된다는 것이다. 토론의 시간은 충분히 제공하지만 각자가 카드를 제출하는 데 필요한 시간은 한정적으로 정해두는 것이 좋다. 타이머를 통해 이를 제한하고 카드를 제출한 이후 토론 시간은 충분하게 갖는 것이 좋다.
또한 비슷한 숫자나 같은 숫자를 모두가 제시하는 경우 별도의 토론 없이 다음 스토리에 대한 플래닝 포커를 진행하면 된다.

스토리 포인트를 산출할 때 많은 시간을 할애하지 않아야 하는 이유는 애자일(Agile) 방법론의 핵심 가치와 직결되기 때문이다. 애자일에서는 속도, 유연성, 그리고 신속한 피드백의 가치를 중요하게 여긴다. 이러한 가치를 기준으로 스토리 포인트 산출에 너무 많은 시간을 할애하지 않는 것이 좋은 이유와 스토리 포인트 산출과 관련된 내용을 정리해 보면 아래와 같다.

1. 상대적인 추정의 원리

스토리 포인트는 작업의 절대적 크기를 측정하기 위한 것이 아니라, 작업 간 상대적 난이도와 복잡성을 비교하기 위한 것이다. 지나치게 세부적으로 분석하려고 하면 스토리 포인트의 본래 취지인 "빠른 비교와 평가"라는 목적을 잃게 된다.

2. 불확실성 관리

소프트웨어 개발은 항상 일정 부분 불확실성을 내포하고 있다. 스토리 포인트는 이러한 불확실성을 빠르게 다루기 위한 도구이므로 만약 많은 시간을 할애해도 여전히 불확실성이 존재한다면, 이는 효율적인 접근법이 아니다.

3. 비용 대비 효과

스토리 포인트를 산출하는 데 많은 시간을 할애할 경우, 그 시간 자체가 비용으로 작용한다. 팀이 산출하는 값이 실제로 프로젝트 진행에 큰 영향을 미치지 않는다면, 비효율적인 활동에 리소스를 낭비하는 것이 된다.

4. 빠른 피드백 루프

애자일에서는 빠른 피드백과 반복적인 개선이 핵심이다. 스토리 포인트 산출에 많은 시간을 들이면, 실제로 중요한 피드백과 학습의 기회를 놓칠 수 있다.

그럼에도 불구하고, 스토리 포인트 산출에 많은 시간을 할애해야 하는 경우가 있을 수 있다. 이러한 경우는 다음과 같이 정리할 수 있다.

1. 초기 팀 구성 및 교육

애자일 팀이 처음 결성되었거나, 새로운 팀원이 합류하여 스토리 포인트의 개념과 사용 방법을 이해하는 데 시간이 필요한 경우, 처음 몇 번의 스프린트 동안은 충분한 시간을 들여 정확히 산출할 필요가 있다. 실제로 구축된 팀이 초기인 경우와 애자일한 제품 개발 경험이 부족한 구성원이 있을 때에는 가급적 많은 시간을 할애하여 적응할 수 있는 과정이 필요하다.

2. 복잡한 기능 또는 기술 부채가 있는 경우

특정 기능이 매우 복잡하거나 기술 부채가 축적되어 있어 단순한 비교로는 난이도를 파악하기 어려운 경우, 더 깊이 있는 논의가 필요할 수 있다. 이러한 경우에는 스토리 포인트 산출에 더 많은 시간을 할애하고 보다 신중하게 진행하는 것이 좋다.

3. 중대한 비즈니스 결정과 연관된 경우

만약 스토리 포인트 산출이 중요한 비즈니스 결정, 예를 들어 예산 책정이나 중요한 마일스톤 달성 여부에 직접적인 영향을 미치는 경우에는 좀 더 신중하게 접근할 필요가 있다.

결론적으로 대부분의 경우, 스토리 포인트 산출에 많은 시간을 할애하는 것은 비효율적이며, 애자일의 핵심 가치를 저해할 수 있으므로 지양하는 것이 적절하다. 하지만 사업적으로나 기술적으로 특별한 상황에서는 신중한 접근이 필요할 수도 있다. 중요한 것은 팀이 상황에 맞게 유연하게 대처하는 것이다.

13

본격적인 일의
시작 스프린트

13-1

스프린트

스프린트의 뜻을 사전에서는 이렇게 정리하고 있다.

'육상 경기·수영 경기·스피드 스케이트 등의 단거리 레이스. 또는, 단거리를 전력으로 행하는 질주나 역영, 자전거 경기에서, 트랙을 두 바퀴 또는 세 바퀴 돌고 착순을 겨루는 경기. 거리는 대략 1,000m이고, 마지막 200m에서 단숨에 스퍼트함.'

스프린트는 짧은 거리를 빠르게 질주하는 것으로 스타트업 등 애자일 조직의 스프린트 역시 짧은 기간으로 쪼개어 일을 진행하는 것을 의미한다. 애자일 선언에서 이야기하는 스프린트는 2주에서 2개월 정도의 기간을 추천하고 있고, 대다수의 팀은 약 2주 정도의 기간을 지정하여 스프린트를 운영한다. 하지만 무조건 특정한 기간을 지키기보다는 팀에 적합한 속도를 찾는 과정을 거치는 것이 중요하다.

그래서 1주 혹은 2주 단위로 스프린트를 2, 3회 정도 진행하면서 기간 내에 완료할 수 있는 일의 범위를 산정하는 것이 중요하다. 완료의 조건은 최초 협의한 기획의 내용을 기반으로 '동작하는 제품'을 만드는 것이다. 다만 기간 내에 동작하는 제품을 사용자에게 배포하는 것까지를 스프린트의 기간으로 둘 것인지에 대해서는 팀의 속성이나 조건에 따라 다를 수 있다. 모바일 앱 제품을 개발한다는 기준으로는 사용자에게 개발된 제품을 배포하는 것까지를 포함하는 것이 좋다.

가급적 스프린트 기간 내에 끝낼 수 있는 일의 조건 즉, 일의 완료 조건을 명확하고 엄격하게 관리하는 것이 좋다. 일을 진행하다 보면 자잘한 변수가 발생할 수 있다. 이러한 변수에 대해 하나둘 타협하다 보면 어느새 스프린트 기간 내에 합의된 내용이나 룰이 무너지게 된다. 이렇게 되면 제품이 사용자에게 도달하는 기간이 지속해서 달라지고 이로 인해 약속을 지키지 못하게 된다.

모든 구성원은 서로 다른 시각을 가지고 있기 때문에 스프린트 기간이 제대로 지켜지지 않으면 이 또한 구성원들에게 스트레스가 될 수 있다. "A Plan is Not a Promise." 계획은 약속이 아니라는 말을 스토리 포인트를 만든 James W. Grenning이 했다. 하지만 계획이 지속해서 지켜지지 않는다면 팀을 오랜 기간 유지하기가 어려워진다.

우리 팀은 2주 단위로 상당 기간 스프린트를 운영해 왔다. 하지만 2주라는 기간 내에 제품이 제대로 개발되지 않았고 실제 배포까지는 스프린트가 종료된 후 2주 이상이 걸린 경우도 많았고 평균 1주 정도의 시간이 더 필요했다.
스프린트 기간이 제대로 지켜지지 않는 이유는 여러 가지가 있다. 첫 번째 원인으로는 팀의 속도에 비해 많은 일을 계획했기 때문이다. 이는 제품 담당자들이 제대로 역할을 못 하고 있기 때문이다. 제품 담당자는 팀의 속도를 완벽하게 이해하고 이에 맞는 일을 준비해야 한다.

두 번째 원인으로는 스토리 포인트를 산정할 때 제품 개발의 난도를 과소하게 측정하는 경우가 있다. 이는 제품을 개발하는 개발자들이 기준이 되는 일을 경험해 보지 못하여 발생할 수 있고, 제품을 기획하고 준비하는 단계의 미흡함 때문일 수도 있지만 결국 일을 준비하는 단계에서부터 부족했던 상호 간의 커뮤니케이션이 만들어내는 결과라고 봐야 한다.
스프린트는 본질적으로 일을 잘게 쪼개서 진행하는 만큼 계획 단계에서 완료 단계까지 모든 과정에서 전 구성원이 밀접하게 커뮤니케이션하며 일을 진행해야 한다.

세 번째 원인으로는 끼어드는 일이 자주 발생한다는 점이다. 이러한 인터럽트 (Interrupt) 발생은 계획 단계에서부터 예측이 불가능한 요소일 수 있으니 어쩔 수 없는 일이라고 생각할 수 있지만 상당수의 경우 끼어드는 일들이 사실 통제가 가능하다는 것을 많은 제품 관리자가 간과하는 경우가 있다.

시급성이 높아 보이는 VOC, 경영진의 잦은 의사결정의 번복, 외부 요인 등 여러 가지 일이 있을 수 있지만 대부분은 통제가 가능하고 차기 스프린트로 일을 옮겨 진행할 수 있다.

이러한 외부 인풋에 스프린트 진행이 높은 주기로 영향을 받는다면 이 역시 팀이 장기적으로 프로젝트를 진행하기 어렵게 만든다. 그래서 우리는 스프린트를 시작하기 전부터 상당한 시간을 들여 커뮤니케이션을 해야 하고, 스프린트가 진행 중일 때에도 계속해서 구성원들과의 커뮤니케이션이 필요하다.

13-2

스프린트 기간과 쿨다운 기간

"이번 스프린트부터 우리 팀은 3주의 시간을 갖고 스프린트를 진행하고자 합니다. 우리 팀이 평균 업무를 완료한 기간과 더불어 QA까지 완료해서 제품을 기간 내에 제대로 배포하기 위함이기도 하면서 동시에 일을 일찍 마친 개발팀 구성원분들이 충분한 휴식과 함께 다음 스프린트에 진행할 일들을 미리 준비할 시간을 갖기 위해서입니다."

우리 팀은 2주의 기간에 1주일의 쿨다운 기간을 더해 총 3주의 스프린트 기간을 갖기로 합의했다. 일을 기간 내에 완료한 경우에는 다음 1주의 쿨다운 기간 동안 그동안 밀려있던 문서 작업이나 차기 스프린트에 대해 미리 확인하는 등 나름의 휴식 기간을 갖고자 했다. 스프린트는 참여하는 구성원에게 엄청난 동기부여와 동시에 많은 스트레스를 만드는 업무수행 방식이다.

단거리 질주를 2주 단위로 1년 내내 반복한다면 지치지 않을 사람은 없다. 그래서 스프린트나 애자일에 대해서 제품을 개발하는 사람 모두를 쥐어짜 내는 업무수행 방식이라고 비난하는 사람도 적지 않다.

스프린트는 제품의 성숙도에 따라 다르게 진행할 필요가 있다. 제품이 시장에 막 진입한 성장의 과정에서는 상당히 좋은 업무수행 방식이지만 어느 정도 궤도에 오른 이후에는 안정적인 운영이 더 중요해진다. 따라서 팀에 적절한 시간을 제안하고 이를 통해 팀이 지치지 않게 만드는 것 역시 제품 담당자에게 중요한 일이다.

13-3

매일 짧은 미팅으로 소통한다

데일리 싱크, 데일리 미팅, 데일리 스크럼으로 불리는 이 회의는 제품 개발과 관련된 모든 팀원이 모여 어제와 오늘의 업무 그리고 그 일을 진행하는 과정에서 발생한 문제나 고민을 공유하는 자리다. 이러한 데일리 미팅은 스크럼 프로세스의 일부로서, 소프트웨어 개발 및 프로젝트 관리에서 사용되는 일일 회의 형식으로 프로젝트 팀원들이 매일 정해진 시간에 모여 짧은 시간 동안 자신의 작업 진행 상황을 공유하고 의사소통을 강화하려는 목적을 가지고 있다.

데일리 미팅은 팀원들 간의 신뢰와 협력을 강화하며, 작업 진행 상황을 정기적으로 파악하여 스프린트의 진행 상황에 대한 관리를 용이하게 만든다. 그리고 모든 팀원이 다 참석하는 것이 원칙이다. 효율적인 데일리 미팅을 위해서는 몇 가지를 잘 준수해야 한다.

먼저 시간과 장소다. 정해진 시간과 장소에서 회의를 지속하는 것이 좋다. 가급적 팀원들이 예상하고 참석하기 쉬운 환경을 조성하는 것이 중요하다. 더불어 회의 시간은 15분 이내로 짧게 진행하는 것이 좋다. 대화가 길어질 수 있는 내용은 가급적 별도의 시간을 편성하여 다수가 참여하는 회의에서 불필요한 대화가 이어지지 않도록 효율적으로 운영해야 한다.

스탠드업 미팅처럼 서서 하는 것이 좋다. 꼭 그래야 하는 것은 아니지만 아무래도 앉아서 편하게 진행하는 미팅에 비해 더 빠른 진행이 가능하다. 오래 서 있는 것 자체가 쉬운 일은 아니기 때문에 말의 속도나 집중에도 도움이 될 수 있다. 참여하는 구성원은 각자 데일리 미팅에서 세 가지에 대해 답변을 미리 준비해야 한다. 바로 어제까지 완료한 것은 무엇이고 오늘은 무엇을 진행할 계획이며 다른 구성원에게 공유해야 할 것은 무엇인지를 포함해야 한다.

구성원에게 현재 발생하는 문제가 있는지 그 문제를 해결하는 데 도움이 필요한지 혹은 일의 진행에 문제가 될 사항이 있는지에 대해 공유해야 한다. 데일리 미팅의 핵심은 서로의 문제를 파악하고 각자의 지식이나 경험을 통해 구성원의 문제를 서로 해결해 주고 문제 발생 시 대응을 할 수 있는 상호 협력에 가장 큰 목적이 있다.

이 과정에서 주의할 사항은 토론이나 논쟁을 위한 자리가 아니라는 사실이다. 회의 내용을 지정된 담당자가 기록하여 공유하는 것 또한 중요하다. 이를 통해 향후 회고에 활용할 수 있기 때문이다. 회고에 대해서는 추가로 이야기하겠지만 데일리 미팅을 기준으로는 데일리 미팅 회의의 진행 방식이나 업무의 진행 방식을 비롯해 커뮤니케이션을 강화하기 위한 다양한 문제를 파악하고 개선안을 도출하는 역할을 한다.

이러한 회고 과정을 통해 데일리 미팅을 정기적으로 개선해 나가는 것이 중요하다. 정해진 틀을 반복하다 보면 본래의 목적을 잃고 일방적인 보고의 자리가 되거나 다른 구성원의 말에 큰 관심이 없어지는 상태에 이르게 될 수 있기 때문이다.

13-4

데일리 미팅의 적신호

혹시 우리 팀이 진행하는 데일리 미팅이 다음의 경우와 같이 진행 중이라면 팀이 건강하지 못한 미팅을 진행하고 있다고 봐야 한다.

첫 번째는 미팅 시간이 길어지는 것이다. 데일리 미팅은 10~15분 내에 마무리되어야 한다. 15분을 초과한다면 이것은 미팅이 본래의 목적을 잃고 있다고 봐야 한다. 구성원이 많다면 이야기가 다르겠으나 보통 스프린트를 구성하는 인원의 수는 일반적으로 7~10명 정도의 수준이다. 이러한 팀의 구성원수를 Two Pizza Team이라고 말하기도 하는데 피자 두 판으로 한 끼 식사를 해결할 수 있는 정도의 인원수를 가장 적합한 구성으로 본다는 말이다.

따라서 15분이라는 미팅 시간의 기준은 7~10명 정도의 인원수를 기준으로 말하는 것이므로 구성원의 인원수에 따라 시간은 달라질 수 있다는 점을 참고하자.

기준 인원 대비 데일리 미팅 시간이 길어지는 이유 중 대표적인 사례는 미팅이 진행되는 과정에서 보통 몇 가지의 사안에 대해 토론이 일어나기 때문이다. 긴 시간이 필요한 내용에 대해서는 사전에 '합의나 토론이 필요한 내용이니 데일리 미팅 후 추가로 이야기할 수 있는 시간이 필요하다'라고 각자가 요청하거나 미팅을 주관하는 제품 담당자가 조율할 수 있어야 한다.

모든 팀원이 15분이라는 시간을 사용한다는 것은 사실 엄청난 리소스를 사용하는 것이다. 따라서 데일리 미팅의 본래 목적과 취지를 잘 지키려면 짧은 시간 내에 공유가 마무리되는 것이 좋다.

대부분 데일리 미팅 중에 본래의 취지와 다른 토론이 발생하는 것은 평소 업무 중에 커뮤니케이션이 충분하게 일어나지 않았던 팀의 문제로도 판단할 수 있다. 본인이 맡은 일에만 집중하고 각자의 일이 모여 제품으로 완성되는 과정에 대해 별다른 신경을 쓰지 않기 때문이다.

이러한 토론은 업무 진행 과정에서 충분히 발생해야 하지만 각자의 문제에만 집중하다 보니 다른 구성원이나 전체 조합의 과정에서 발생할 수 있는 문제에 대해 평소 대화가 잘 이루어지지 않는 상태이기 때문에 데일리 미팅에서 갑작스럽게 생각나는 것들을 그대로 발언하는 문제가 생기는 것이다.

모든 팀의 구성원은 각자가 데일리 미팅에 참석하기 전에 발언할 내용을 정리하는 습관이 필요하다. 진행자인 제품 담당자나 팀의 리더는 위와 같은 상황이 발생할 경우 팀원들이 더욱 편하게 논의할 수 있는 자리를 마련해 주거나 업무 중에 일어나는 커뮤니케이션에서 문제가 없었는지를 파악해 보아야 한다.

두 번째 문제는 참석자가 각자 다른 생각을 하는 경우다. 쉽게 말해 집중하지 못하는 상태다. 스프린트는 각자가 하나의 제품을 담당할 수도 있지만 대부분 서로 연결된 업무를 하는 경우가 많다. 그럼에도 불구하고 참석자가 데일리 미팅를 통해서 서로의 상황을 이해하지 못하거나 그것에 관심이 없다면 스프린트를 진행하는 데 있어서 발생하고 있는 문제를 해결하거나 목표한 기한 내에 업무를 끝내지 못하는 상황이 발생하게 된다.

이는 실제로 팀이 다루고 있는 제품의 유형이 다양해서 서로 신경 쓸 필요가 없는 상태인 경우일 수 있다. 하지만 앞서 이야기했듯 7~10명 정도의 조직 규모에서 두 가지 이상의 일을 해내는 것은 어려운 일이다. 만약 팀이 다루는 제품의 수가 적은데도 불구하고 모두가 데일리 미팅에서 참여도가 낮거나 집중이 안 되는 상태라면 팀의 커뮤니케이션이나 방향성에 대해 한 번쯤 점검이 필요한 시점인 것이다.

마지막은 리더의 문제다. 데일리 미팅을 진행하는데 단방향으로 보고하는 자리가 되고 있다면 이것은 무조건 리더의 문제라고 봐야 한다. 매일 반복되는 미팅에서 구성원은 이미 자신이 말할 차례를 기다릴 뿐 참여자로서 함께하고 있지 않다는 증거이기도 하다. 미팅의 본래 목적은 자신에게 필요한 것을 얻고 다른 구성원에게 필요한 것을 공유하는 자리임에도 불구하고 리더를 향한 보고만 한다는 것은 리더가 궁금한 것만 물어보고 있기 때문인 것이다.

데일리 미팅을 주관하는 사람이나 리더는 자신이 궁금한 것보다는 팀원들이 각자의 일을 진행하는 데 있어 무엇이 필요하고 무엇을 다른 구성원에게 전달해야 하는지 말할 수 있도록 즉, 본래의 목적에 맞는 데일리 미팅을 진행할 수 있도록 유도해야 한다. 리더가 궁금한 것은 미팅 이후에 개별적으로 물어보는 것이 좋다. 그리고 이러한 경우 가급적 구성원에게 직접 가서 묻는 것이 좋다. 대부분의 애자일 조직은 수평한 조직이다. 따라서 리더가 궁금한 것은 구성원 개개인에게 다가가 물어보는 것이 맞다. 이러한 작은 행동 하나만으로도 구성원과 보이지 않는 위계를 없앨 수 있다.

13-5

스프린트를 시각화한다

스프린트를 진행하는 데 있어 중요한 요소 중 한 가지는 일의 진행 상황을 시각화(Visualization)하는 것이다.

스프린트를 진행하는 데 있어 시각화가 중요한 역할을 하는 이유는 예상하지 못한 일로 인해 어떠한 작업이 더디게 진행되는 일을 비롯해 전체 업무를 투명하게 관리할 수 있기 때문이다. 보통 문제가 발생하면 구성원들은 혼자 해결하려고 하는 경향이 있다. 그러나 막상 일을 진행하다 보면 혼자만의 힘으로는 잘 해결되지 않을 때가 있다. 잘되지 않는 부분을 다른 구성원에게 공유하기 힘들어할 수 있고 이로 인해 자존심이 상하게 되는 경우도 있을 것이다.

또는 다른 구성원에게 폐를 끼칠 것을 두려워할 수도 있다. 하지만 스크럼 개발 과정은 문제가 발견되면 빠르게 해결하고 상황이 악화하기 전에 대처하는 것이 기본이다. 그래서 Task Board를 활용하면 시각화하여 문제를 더 빠르고 투명하게 파악할 수 있다.

Jira를 비롯해 다양한 업무용 도구에는 할 일(To-do), 진행 중(In-progress), 완료 (Done)와 같이 이슈 사항을 업무의 진행 중인 상태로 나누어 시각적으로 보여 주는 기능을 제공하고 있다. 이 기능을 활용하면 목표한 일정에서 일이 어느 정도 진행 중인지를 파악할 수 있다.

예를 들어 진행 중(In-progress) 상태로 장시간 체류하는 이슈가 있다면 원인에 대해 함께 논의하고 문제를 보완할 방법을 찾는 것이 좋다. 또한 위와 같이 할 일 - 진행 중 - 완료 순이 아니라 몇 가지의 단계를 추가하는 것도 방법이다.

Jira Kanvan에서 프로세스를 추가하는 예시

예를 들어 QA가 필요한 사항이 있다면 QA를 단계에 추가할 수 있다.

이러한 과정을 통해서 팀의 업무를 단순히 진행 중인지 완료인지로 구분하는 것이 아니라 중간 단계를 추가하여 업무의 특성에 적합한 형태로 시각화하는 것을 추천한다.

이슈 사항을 하나하나 체크하거나 담당자별 업무의 진행 상황을 확인하는 것은 위와 같은 Task Board 혹은 칸반을 활용하는 방법이 있지만 전체 스프린트의 업무 진행 상황을 파악하는 데에는 번다운 차트(Burndown Chart)를 활용하는 것도 좋다.

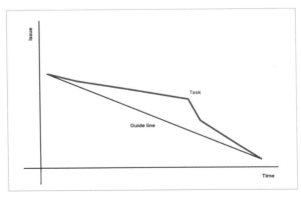

일반적인 번다운 차트의 모습

번다운 차트는 스프린트 동안 남아있는 작업의 양을 파악하여 스프린트가 원활하게 진행되고 있는지를 파악할 수 있는 차트로 세로축에는 해야 할 일을 스토리 포인트나 이슈의 개수를 기입하고 가로축에는 시간을 기입하여 남아있는 작업이 시간이 지남에 따라 제로(0)에 수렴하도록 가이드라인을 구성한다.

스프린트 기간이 절반 이상 지났음에도 불구하고 할 일이 많이 남았거나 오히려 계획 단계보다 중간에 추가된 일이 많다면 스프린트가 원활하게 동작하고 있지 않다고 봐야 한다.

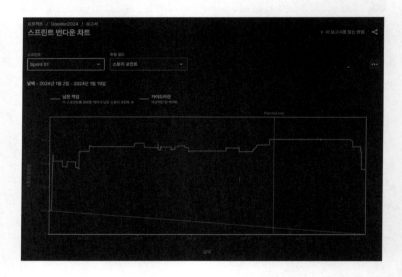

실제로 업무가 제대로 이루어지지 않는 스프린트는 기간이 상당 기간 지났음에도 불구하고 남은 작업이 많이 누적된 상태를 보인다. 사실 이러한 경우는 크게 두 가지인데, 일의 완료 기준에 부합된 작업을 제대로 진행하지 못하거나 QA와 같은 후반부 작업이 스프린트 후반에 몰려있기 때문이다.

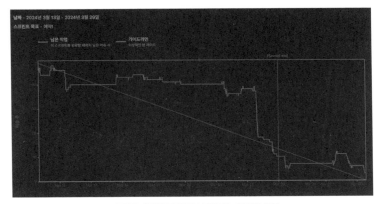

스프린트 후반부 작업량이 급감하는 번다운 차트

그래서 실제 작업이 완료되면 스프린트 후반부에 이르러 작업량이 급격하게
감소하는 경향을 보인다.

이처럼 스프린트 번다운 차트와 태스크보드를 활용하여 스프린트를 시각화
하는 것은 구성원들이 업무 관리를 어떻게 활용해야 할지 명확하게 기준을
설명하고, 발생한 문제는 어떻게 해결해 갈 것인지를 파악하기 위함이므로
제품 담당자의 노력이 필요하다. 아무리 잘 정리된 시각화 자료라고 하더라
도 구성원이 관심을 갖지 않는다면 아무 소용이 없다.

스프린트 리뷰와 회고

스프린트 기간이 종료되고 나면 스프린트에 개발한 내용에 대한 리뷰가 진행되는 것으로 스프린트를 마무리하게 된다. 이 과정에서 개발된 내용에 대해 개발 담당자들이 각자가 개발한 내용을 구성원들에게 공유하는 자리를 갖는 것이 좋은데 쉽게 이야기해서 완성된 제품을 내부 구성원에게 시연하는 것이다.

이 과정에는 이해관계자도 참여하는 것이 좋다. 이러한 리뷰의 과정을 거치면 이해관계자와 커뮤니케이션이 자연스럽게 일어나게 되고 향후 발전 방향에 대해 심도 있는 토의가 가능하다.

하지만 이 자리를 숙제 검사하듯 진행해서는 안 된다는 점도 중요하다. 스프린트 동안 처리한 업무의 결과를 구성원들이 공유하면서 서로가 만든 제품을 통해 팀이 얼마나 성장해 가고 있는지를 공유하고 이전 스프린트와의 연속성을 비롯해 다음 스프린트에 진행할 내용에 대해서도 사전에 파악할 수 있으며 서로 다른 작업의 결과가 어떻게 완성되어 가는지 확인할 수 있다.

이러한 리뷰 과정을 스프린트 회고라고 생각해서는 안 된다. 회고의 목적은 스쿼드나 사일로와 같이 제품을 개발하기 위한 조직에서 제품의 품질과 일의 효율성을 높이는 방법을 찾는 과정이다.

스프린트 리뷰는 반복적인 주기 내에서 어떠한 일이 진행되고 있는지 서로 보고 피드백을 통해 개선 방안을 마련한다는 것에 목적을 두어야 한다. 그래서 제품을 시연하거나 데모하는 것으로 오인하기도 하는데 이 과정은 '커뮤니케이션'과 '제품을 보는 것' 두 가지의 균형이 매우 중요하다. 그렇다고 이를 위해서 프레젠테이션을 준비하는 것은 옳지 않다. 스프린트 리뷰를 준비하는 데 30분 이상을 사용한다면 무언가 잘못되었다고 봐야 한다. 그리고 2주 정도의 작업 분량에 대해 대화를 나누는 리뷰 시간은 최대 2시간 이내에 완료되어야 한다.

스프린트 리뷰란?

1. 요약: 제품의 방향성에 대한 협의와 조정을 위한 커뮤니케이션
2. 참가: 팀 전체, 제품 책임자, 기타 이해관계자
3. 기간: 스프린트 1주당 1시간 이내
4. 준비 시간: 30분 이내

제품 담당자는 해당 스프린트 기간에 완성한 것들과 이루지 못한 것을 설명하고 향후 방향에 대해 지속적으로 설명을 반복해야 한다. 이정표를 보고 운전하는 것과 아무런 정보 없이 운전하는 것은 아주 큰 차이가 있다. 목적지에 도달하기 위해 가장 빠르고 효율적인 길로 가는 것도 중요하지만 어디까지 얼마나 남아있고 제대로 목적지를 향해 가고 있는지 알아야 운전을 하면서 잠시 쉬어갈지 더 빠르게 가야 할지 운전자는 판단할 수 있다.

스프린트 회고는 제품에 집중된 스프린트 리뷰와 달리 프로세스와 업무 환경에 대한 검토가 주를 이루는 과정이다. 팀이 효과적으로 일하는 방법과 일에 방해가 되는 요소들에 대해서 이야기를 나누고, 어떻게 변화시켜 나아갈지에 대한 자리다. PO나 PM 혹은 스크럼 마스터가 퍼실리테이터 역할을 할 수 있지만 가급적이면 중립적인 역할이 가능한 사람이 진행자를 맡는 것이 좋다. 대부분의 팀은 회고의 과정에서 '나는 이게 좀 불만이야. 이런 건 좀 바뀌었으면 좋겠어.'와 같이 문제를 나열하는 것에만 집중하기도 한다. 그래서 회고를 다소 무거운 분위기로 인식하기도 하는데 필요에 따라 이러한 회고가 이루어지는 것이 잘못된 것은 아니지만 '발전'에 더 초점을 맞추는 것이 중요하다.

13-7

제품을 출시하고 챙길 것들

"이번에 들어온 VOC가 얼마나 되죠? 전체 사용자 중에 1%밖에 되지 않는데요. 이 정도면 큰 이슈는 아닌 것 같습니다. 이번에 들어온 VOC를 해결하는 것보다 우리가 제품을 빠르게 Delivery하지 못해서 망할 확률이 더 커 보이니 이 문제는 해결하지 않고 Known Issue로 처리하고 넘어갈게요."

방금 배포한 제품에서 발생한 문제점에 대해서 꽤 많은 사용자의 불만이 접수되었다는데도 불구하고 이슈를 처리하지 않겠다는 개발 챕터 리드의 피드백이었다.

사용자와의 관계 구축을 위해서라도 제품을 출시한 이후에는 사용자가 얼마나 우리 제품에 만족하는지에 대해서 조사할 필요가 있다. 제품과 서비스를 제공하는 대다수의 회사들이 VOC를 수집하고 있지만 수집되는 VOC는 대부분 부정적인 경험을 해소하기 위한 피드백이 대다수일 확률이 높다. 제품의 기능에 이상이 있거나 원하는 목적을 달성하기 어려운 경우나 사용 방법 등과 같은 문의를 이야기하는 것이다.

이러한 사용자 문의는 대부분 일방적으로 이루어지고 CS팀을 통해서 이러한 내용이 수집될 때까지의 시간은 예측하기가 어렵다. 이럴 때 긍정 또는 부정의 경험을 즉시 수집할 수 있게 만들면 사용자로부터 즉시 응답을 획득할 수 있을 뿐만 아니라 제품을 만드는 팀이 사용자의 목소리에 얼마나 귀를 기울이고 있는지도 표현할 수 있다.

특히 짧은 스프린트 동안 MVP를 출시하는 경우에는 깊이 있는 기획과 개발이 진행되기 어려운 경우가 많기 때문에 상대적으로 사용자 입장에서는 낮은 품질의 제품을 경험할 수밖에는 없다. 이러한 과정에서 사용자가 직접 제품을 써보면서 문제점을 발견하고 그 즉시 피드백할 수 있게 하는 것은 사용자의 시선에서 우리의 제품을 한 번 더 살펴볼 수 있다는 점에서도 매우 중요한 요소 중 한 가지이다.

제품을 준비하면서 사용자의 반응을 수집하는 방법은 크게 두 가지로 나뉜다. 제품을 출시하기 전에 미리 설정해 둔 데이터 트래킹 툴을 활용하거나 로그를 수집해서 분석하는 방법과 직접 사용자에게 질문하고 답을 얻는 방식이다. 두 가지 모두 병행될 때 명확한 인사이트를 얻을 수 있으므로 어느 하나만 해서는 안 된다. 앞서 이야기했던 사용자의 재사용 주기, 회원의 연령 분포, 주로 사용하는 디바이스 종류, OS 버전, 거주하는 지역까지 상당히 많은 데이터를 큰 노력을 들이지 않고 수집할 수 있다는 것은 대부분의 제품 담당자가 잘 알고 있는 것이다.

하지만 이러한 데이터와 별개로 사용자에게 정말 궁금한 것은 우리가 제공하는 핵심 이벤트에 대해 얼마나 만족하고 있고, 무엇을 개선했으면 하는가에 대한 부분일 것이다.

끊임없는 스프린트로 인한 부작용

스프린트는 목적지는 정해져 있지만 지속적인 사용자의 피드백을 얻기 위해 작은 단위로 쪼개어 개발하기 때문에 거의 스프린트마다 사용자에게 제품을 배포하게 된다. 반면 워터폴 방식은 정해진 기간 내에 제품을 완성도 있게 개발하여 전달하기 때문에 제품 개발의 막바지에 가장 바쁘다.

스프린트로 애자일하게 일하는 조직은 스프린트마다 바쁠 수밖에 없다. 잘게 쪼개서 개발하고 개발된 내용을 사용자에게 배포한 뒤 피드백을 받아 개선하거나 새로운 개발을 진행해야 하기 때문이다. 그만큼 구성원들에게 지속적인 스트레스가 발생할 수밖에 없다.

일을 잘게 쪼개어 진행한다고 하더라도 경영진의 입장에서는 완성도 높은 제품을 최대한 이른 시간 내에 개발하도록 요구할 수밖에 없다. 개발 기간이 길어지는 것은 곧 비용이 증가하는 것이기 때문이다. 아쉽지만 어쩔 수 없는 현실이다.

누군가로부터 투자를 받아 운영한다면 경영자의 입장에서 속도에 대한 압박은 더 심할 수 있다. 스프린트마다 의미 있는 결과가 도출되지 않으면 투입하는 비용 대비 효율을 이야기할 수밖에 없다. 스프린트가 의미 있으려면 비즈니스적 성과도 역시 따라와야 한다. 하지만 반대의 경우라면 스프린트마다 팀은 더 많은 일을 시도하게 되고 자칫 애자일의 원칙을 모두 무시하게 되거나 없는 성과를 억지로 만들어내는 최악의 상황에 이르게 될 수 있다.

또한 이러한 스프린트 과정에서 스크럼에서 가이드하는 다양한 미팅들이 형식적으로 진행되는 경우가 있다. 별다른 영양가 없이 단순히 현황만 체크하는 데일리 미팅부터 문제 해결이나 방향 수정에 대한 결과 없이 서로 불평불만을 늘어놓는 회고와 비즈니스 관계자 없이 진행되는 스프린트 리뷰들을 포함해 상당히 많은 사람이 스크럼 이벤트들에 대해서 시간을 많이 낭비한다고 생각하게 된다.

애자일하게 일한다는 것의 본질에 대해 우리가 생각해 봐야 할 문제다. 목표를 정하고 그 목표가 맞는지 짧은 주기로 확인해 가며 방향을 수정해 나가는 것이 본질이라면 이 본질에 대해 우리가 경영자이건 실무자이건 명확하게 싱크를 맞출 필요가 있다. 당장 비즈니스적 성과가 적더라도 성공의 가능성을 측정할 기준이 명확하다면 팀은 흔들림 없이 나아갈 수 있다. 이러한 명확한 기준이 부족한 경우 대부분 팀은 흔들리게 된다.

그리고 변화를 인정하지 못하면 이 역시 팀이 흔들릴 수 있게 만드는 요인이 된다. 애자일하게 일한다는 것을 다시 한번 우리는 어떻게 받아들이고 있는지 생각해 볼 필요가 있다.

14

데이터 드리븐

14-1

데이터를 중심으로 하는 접근 방식

"데이터 드리븐(Data-Driven)", "데이터 인폼드(Data-Informed)", 그리고 "데이터 인스파이어드(Data-Inspired)"는 모두 데이터를 중심으로 하는 접근 방식이지만, 이들 간에는 몇 가지 차이가 있다.

데이터 드리븐(Data-Driven)

이것은 의사결정을 내리는 데 있어서 데이터가 핵심적인 역할을 하는 것을 의미한다. 데이터에 기반하여 특정 목표를 설정하고, 그 목표를 달성하기 위해 데이터를 수집, 분석하며 행동 계획을 세운다.

데이터가 주도적인 요소로 작용하여 의사결정에 큰 영향을 미친다.

예를 들어 온라인 쇼핑몰의 맞춤형 마케팅 캠페인을 진행한다고 가정해 보자. 고객의 구매 이력, 검색 기록, 페이지 방문 시간 등의 데이터를 수집하고 분석하여 개인별 맞춤형 마케팅 캠페인을 실행한다. 이 데이터를 기반으로 어떤 제품을 홍보할지, 어떤 고객에게 어떤 형태의 광고를 보낼지 결정하는 것이다. 결과적으로 데이터 드리븐이라는 것은 데이터가 마케팅 전략을 직접적으로 결정하는 경우를 의미한다.

데이터 인폼드(Data-Informed)

데이터 인폼드는 데이터를 기반으로 의사결정을 내리지만, 데이터만이 유일한 결정 요소가 되지는 않는 접근 방식을 의미한다. 다시 말해, 데이터 인폼드는 데이터에서 도출된 인사이트를 활용하되, 그 외의 맥락적 요소나 경험, 직관 등을 함께 고려하여 최종 결정을 내리는 방식이다.

예를 들어 비대면 진료를 제공하는 회사에서 비대면 진료의 정책 변화에 따라 사업 지속 여부를 결정할 때 정책 변화 후 의사의 비대면 진료 참여율, 진료 완료율, 환자들의 진료 요청 항목 등과 같은 데이터는 제품의 품질이나 사용자 만족과 같은 중요한 정보를 제공하지만, 최종적인 사업 지속 여부에 대한 결정은 회사 혹은 플랫폼에 참여하고 있는 다양한 이해관계자의 피드백, 예산, 정부 정책 등 다른 요소들을 함께 고려하여 내려진다. 결과적으로 데이터는 어떠한 결정을 내리는 데 있어 중요한 역할을 하지만 유일한 결정 요소는 아니라는 것이다.

그래서 데이터 인폼드는 데이터를 이해하고 이 데이터에 자신의 의견을 더하는 과정으로 생각하면 된다.

데이터 인스파이어드(Data-Inspired)

"데이터 인스파이어드(Data-Inspired)"란 데이터를 기반으로 한 사고방식이나 결정을 의미한다. 이는 데이터를 수집, 분석, 이해하여 정보를 도출하고 이를 기반으로 행동하는 것을 의미하는데 데이터 인스파이어드 접근법은 데이터를 단순히 수집하는 것 이상으로 데이터에서 가치를 창출하고 비즈니스나 조직의 전략적 의사결정에 활용하는 것에 초점을 맞춘다.

데이터 인스파이어드 방식은 기업이나 조직이 데이터를 중심으로 사고하고 행동하는 문화를 구축하는 것부터 시작한다. 이는 데이터를 활용하여 문제를 해결하고 기회를 식별하는 것 자체가 문화화되어야 작동할 수 있다. 이러한 방식은 데이터를 활용하여 고객의 요구사항을 이해하고 예측하며 비즈니스 프로세스를 최적화하고 효율화할 수 있다.

데이터 인스파이어드는 주로 데이터 과학, 빅데이터 분석, 머신러닝 및 인공지능과 관련된 기술과 접근법을 사용하여 정보를 추출하고 이를 활용하는 것을 강조하기도 하지만 제품을 만드는 기업에서는 데이터를 기반으로 인사이트를 얻어내는 행위를 주로 의미한다.

14-2

데이터 드리븐 하게 일한다는 흔한 착각

데이터 중심으로 사고하고 의사결정을 하는 것이 어느새 유행처럼 되었지만, 데이터 기반이라는 것이 정확하게 무엇을 의미하고 어떻게 일해야 하는지 명확하게 이야기할 수 있는 사람은 많지 않다. 데이터 드리븐을 이야기할 때 가장 많은 사람이 오해하는 것은 바로 '데이터를 많이 보고 인사이트를 얻어내는 행위를 많이 해야 한다'라는 것이다.

엄격하게 이야기해서 앞선 내용은 데이터 인스파이어드(Data-Inspired) 영역이다. 이는 데이터를 통해 좋은 결과를 도출한다는 점에서 중요한 방식이긴 하지만 아주 오랜 시간이 걸리는 과정이고 괜찮은 인사이트를 얻을 것이라는 보장이 없다는 치명적인 단점이 있다. 데이터 드리븐 하게 일한다는 것은 단순히 데이터를 많이 보는 것만을 이야기하는 것이 아니다.

핵심은 목표를 정량적으로 설정하고 그 목표를 달성하기 위한 액션을 한 후 피드백을 수집하는 과정을 거치는데 이 과정에서 수집된 데이터를 기반으로 목표를 달성하기 위해 필요한 부분들을 지속해서 개선해 가는 과정 자체를 데이터 드리븐이라고 하는 것이다. 데이터 드리븐 업무수행 방식은 '정량적으로 설계한 지표가 좋아질수록 제품이 개선된다'고 가정하고 지표를 빠르게 성장시키기 위한 하나의 문화와 같은 것이다.

지표 설정과 실행이 빨라질수록 더 많은 가설과 검증 과정이 일어나고 경험이 축적된다. 그만큼 많은 실패와 성공이 쌓이기 때문에 '실행'을 가장 큰 가치로 두는 것이다. 만약 주변에서 제품 관리자로서 데이터를 더 많이 봐야 할 것 같다는 피드백을 받아본 적이 있다면 데이터를 단순히 자주 보라는 것이 아니라, 제품 관리자로서 그동안 수행했던 다양한 업무 중 '의사결정' 과정에서 데이터를 근거로 이야기했는지 아니면 감각에 의존하여 의사결정을 해 왔는지 점검해 볼 필요가 있다.

데이터 인폼드와 데이터 드리븐의 차이점

- **데이터 드리븐(Data-driven)**: 데이터가 의사결정의 주된 요소이며, 대부분의 결정이 데이터를 기반으로 이루어집니다. 데이터를 통한 객관적인 증거가 거의 모든 의사결정에 사용됩니다.

- **데이터 인폼드(Data-informed)**: 데이터는 중요한 역할을 하지만, 그것이 유일한 결정 요인은 아닙니다. 데이터와 함께 여러 다른 요소들을 고려하여 결정을 내립니다.

예시

- **데이터 드리븐**: A/B 테스트 결과에서 변형 A가 변형 B보다 5% 더 높은 전환율을 기록했기 때문에 변형 A를 선택한다.

- **데이터 인폼드**: A/B 테스트에서 변형 A가 더 높은 전환율을 기록했지만, 고객의 피드백, 브랜드 전략, 장기적인 비즈니스 목표 등을 고려했을 때 변형 B를 선택할 수 있다.

14-3

데이터 드리븐이 A/B 테스트는 아니다

제품 관리자들이 흔히 착각하는 것 중 한 가지가 바로 A/B 테스트는 많이 해야 한다는 것이다.

테스트 자체가 나쁘다는 의미는 아니다. 하지만 우리가 A/B 테스트를 할 때 고려해야 할 몇 가지가 있다. 이는 A/B 테스트를 하지 말자는 이야기가 아니라 제대로 해야 한다는 측면에서 이야기하는 것이라는 점을 한 번 더 상기하고 시작하고자 한다.

첫 번째는 A/B 테스트가 외부 변수에 의해 결과가 왜곡될 수 있다는 점이다. 예를 들어 제품의 전환율 개선을 위해서 두 가지의 화면을 준비하고 테스트를 진행한다고 가정해 보자.

A와 B 화면의 CTA의 문안을 각각 다르게 하여 테스트를 진행했다. 테스트 결과 B 화면이 더 높은 전환을 만들어냈다고 가정해 보자. 이 데이터를 100% 신뢰할 수 있으려면 외부 변수가 제로인 상태여야 한다.

마케팅이나 기타 행위가 없는 상태에서 동일한 조건의 사용자가 각각의 화면에 진입하여 결과를 도출해 낼 수 있어야 한다는 것이다. 외부 변수를 제거할 수 있는 A/B 테스트 툴이 있다. 하지만 이것을 사용하는 것 역시 비용을 상당히 지출해야 한다.

A   **B**

두 번째 문제는 A/B 테스트 두 화면의 기대 결과의 데이터 편차가 생각만큼 크지 않다는 것이며 이를 잘못 해석하는 것이다. 실제로 A/B 테스트를 해보면 드라마틱하게 차이가 나는 결과를 보기 어렵다는 사실을 알게 된다.

A/B 테스트로 20%, 50% 등과 같이 엄청난 차이를 발견하고 새로운 결과를 만들어낼 수 있을 것처럼 이야기한다. 하지만 실제 결과는 1% 미만의 결과만이 도출되는 경우가 대다수이다.

드라마틱한 결과를 기대하면 A/B 테스트를 할 필요가 없다고 느낄지도 모른다. 하지만 작은 차이를 받아들이고 계속해서 개선해 나가는 과정을 10번 반복하면 누적으로 10% 이상의 성장을 만들어내는 결과를 얻게 된다. A/B 테스트의 진짜는 바로 이것이다. 작은 차이를 계속 반복하는 것 말이다.

A/B 테스트를 이야기하면 빼놓을 수 없는 제품이 넷플릭스다.

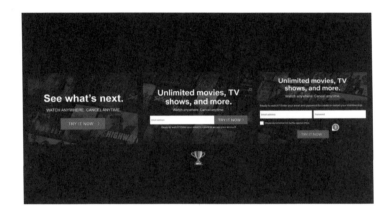

넷플릭스는 작은 버튼의 문구 하나도 여러 가지로 구분하고 테스트하는 것으로 유명하다. 그래서 중요한 것은 이렇게 작은 실험이 누적해서 큰 결과를 만드는 것이므로 드라마틱한 변화를 기대하고 시작함으로써 실망하지 않았으면 한다.

세 번째는 이미 많은 결과가 공개되어 있으니 참고해서 실험의 비용을 줄이는 것이다. 앞선 사례와 같이 다양한 실험을 기반으로 이미 도출된 정답들이 있다. 시대가 변화함에 따라서 이것들이 바뀔 수 있겠지만 이미 많은 팀에서 다양한 실험을 통해 공유해 둔 정보들이 있다.

조금만 노력을 기울이면 쉽게 찾을 수 있는 정보들이 있으니 불필요한 테스트로 시간을 낭비하지 않았으면 한다. A/B 테스트를 할 때 두 개의 버튼 텍스트 정도로 가볍게 테스트해 보는 경우도 있겠지만 화면이 두 벌 필요한 경우가 있다. 이럴 경우 Front 개발자의 리소스를 불필요하게 많이 사용하게 될 수도 있다. 따라서 팀의 리소스를 파악하고 정말 필요한 경우에 한하여 진행하는 것이 좋다.

이 밖에 A/B 테스트 진행 시 주의할 사항은 아래와 같이 정리할 수 있다.

1. 명확한 가설 설정

- **가설 정의**: A/B 테스트를 시작하기 전에 테스트할 명확한 가설을 설정해야 합니다. 가설이 명확하지 않으면, 테스트 결과를 해석하기 어렵습니다.

- **측정할 목표 정의**: 전환율, 클릭률, 사용자 행동 등의 구체적인 목표를 설정하고, 그것을 통해 가설을 검증해야 합니다.

2. 충분한 표본 크기 확보

- **표본 크기의 중요성**: 테스트에 참여하는 사용자 수가 충분히 많지 않으면 결과가 통계적으로 유의미하지 않을 수 있습니다. 표본 크기가 너무 작으면 테스트 결과가 우연에 의해 왜곡될 가능성이 있습니다.

- **통계적 유의성 확보**: 테스트 결과의 유의성을 판단할 수 있도록 충분한 데이터를 수집해야 하며, 필요한 표본 크기를 산정해야 합니다.

3. 테스트 기간 설정

- **적절한 기간 설정**: 테스트가 너무 짧거나 길게 진행되면 결과가 왜곡될 수 있습니다. 테스트 기간은 표본 크기와 데이터 수집 속도를 고려하여 적절히 설정해야 합니다.

4. 편향 방지

- **랜덤 배정**: 사용자 그룹은 무작위로 배정해야 합니다. 무작위성이 결여되면, 그룹 간 차이가 본래 의도와 상관없는 요인들로 인해 발생할 수 있습니다.

- **외부 변수 통제**: 실험 동안 외부 변수(예: 마케팅 캠페인, 제품 업데이트 등)가 실험 결과에 영향을 미치지 않도록 관리해야 합니다.

5. 단일 변수 테스트

- **단일 변수 원칙**: 한 번에 하나의 요소만을 변경하여 테스트해야 합니다. 여러 요소를 동시에 변경하면 어떤 요소가 결과에 영향을 미쳤는지 알기 어렵습니다.

14-4

데이터를 바라보는 시각

데이터가 의사결정에 중요한 요소라는 점은 여러 번 말해도 지나침이 없다. 다만 데이터를 어떻게 해석하는가에 대해서는 많은 논의가 필요해 보인다. 데이터만 충분하다면 쉽고 빠르게 의사결정을 내릴 수 있을 것처럼 보이지만 대부분은 그렇지 않은 경우가 더 많다.

2차 세계대전 당시 미 해군은 전투기 생존율을 높이기 위해 전장에서 귀환한 전투기를 대상으로 기체에 맞은 적탄(적이 쏘는 총알이나 포탄)을 조사한 바 있다. 그 결과 비행기 동체에 다음과 같은 평균 적탄율이 조사되었다.

비행기 내 적탄 위치	평균 적탄 수
엔진	1.11
동체	1.73
연료 시스템	1.55
나머지 부분	1.8

위 데이터를 보면 어떤 부분을 중점적으로 보완해야 한다고 의사결정 해야 할까? 당시 군 장성들은 적탄 수가 높은 부위에 더 많은 장갑을 보완해야 한다고 주장했다.

당시 비행기의 엔진은 현재의 비행기에 비해 출력이 낮아서 장갑판을 많은 부분에 달면 비행 속도나 성능에 영향을 줄 수 있었을 것이다. 따라서 군 장성들은 적탄 수를 기준으로 많은 적탄 수를 보인 부분을 우선하여 장갑판을 덧대고 보완해야 한다는 결론을 냈을 것이다.

생환한 비행기에 총탄 자국이 난 부분에 더 많은 장갑판을 부착하는 것으로 결론이 났다면 표면적인 데이터만을 바라본 것이다. 이를 이해하기 위해서는 위 데이터가 수집된 경로를 살펴봐야 한다.

생환한 비행기가 만약 50대였다고 가정해 보자. 돌아오지 못한 비행기가 동일하게 50대였다면 우리는 돌아오지 못한 전투기에 대한 데이터가 없다는 사실을 알게 된다. 진정한 데이터 기반의 의사결정이 이루어지려면 추락한 비행기에 대한 데이터까지 필요하다. 즉, 생환한 비행기의 데이터는 추락한 비행기를 대신할 수 없다는 것이다.

결과적으로 생환한 비행기의 적탄 수가 적은 부분을 보완해야 더 많은 비행기가 전장에서 살아 돌아온다는 결론을 도출하는 것이 올바르게 데이터를 바라보는 방법일 것이다.

아브라함 왈드 교수가 2차 세계대전 당시 군 장성들의 의견을 뒤집고 엔진에 장갑을 집중해야 한다고 조언했고, 이것을 Survivorship bias(생존자 편향 오류)라고 이야기한다.

생존자 편향(Survivorship Bias)은 분석이나 의사결정 과정에서 살아남은 사람들, 제품, 데이터 등 성공적으로 살아남은 사례들만을 고려하고, 실패하거나 도태된 사례를 간과함으로써 발생하는 편향 오류를 말한다. 이로 인해 잘못된 결론에 도달하거나 왜곡된 시각을 가질 수 있다.

생존자 편향은 잘못된 결론 즉, 성공 사례만을 분석하여 중요한 실패 요인을 놓칠 수 있으며 이로 인해 잘못된 결론을 내리게 되고, 생존자 편향에 의해 성공한 사례만이 부각되면 동일한 방법을 통해 누구나 성공할 수 있다는 잘못된 기대를 형성할 수도 있다.

따라서 중요한 데이터를 제외한 상태에서 의사결정을 내리면, 그 결정은 근거가 부족하거나 현실과 동떨어진 결과를 초래할 수 있게 되는 것이다.

이러한 생존자 편향을 피하기 위해서는 포괄적 데이터 분석을 통해 성공 사례뿐만 아니라 실패 사례도 함께 분석해야 한다. 이를 통해 전체적인 그림을 이해하고, 어떤 요인이 성공과 실패를 결정했는지 알 수 있다.

15

우리 제품은 지금 어디에 있을까?

15-1

제품의 Life Cycle

우리가 관리하는 제품은 도입기부터 성숙기, 쇠퇴기까지 다양한 단계가 존재한다. 그리고 각 단계별로 제품 담당자가 집중해야 할 것이 어느 정도 정해져있다. 제품을 이제 막 시장에 내놓기 시작하는 단계를 태동기 또는 도입기 정도로 이야기한다.

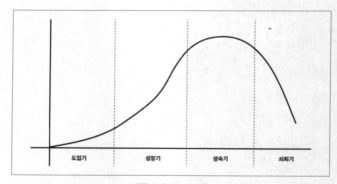

| 도입기 | 성장기 | 성숙기 | 쇠퇴기 |

제품의 라이프 사이클

제품의 Life Cycle에서 도입기는 기업에서 새로운 제품을 개발하고 시장에 막 진출하는 시기이다. 당연히 이 시기에는 제품에 대한 사용자들의 인지도가 낮기 때문에 적극적인 마케팅을 통해 인지도를 확보하는 것이 중요하다. 이익이 창출되기 어려운 시점이기도 하다.

이는 제품의 수명 주기에서 가장 중요한 시기이기도 하다. IT 제품을 비롯해 모든 제품이 다 같은 수명 주기를 갖는다. 그렇다면 이러한 단계에서 제품을 담당하고 있는 PM, PO는 어떻게 의사결정을 해야 할까? 그리고 그 단계별로 어떤 제품을 만드는 것에 집중해야 할까? 제품의 도입기를 PMF(Product Market Fit)를 기준으로 더 세분화해 보고자 한다.

15-2

PMF를 찾기 전 단계

IT 업계에서 PMF라는 단어를 자주 이야기한다. Product Market Fit이라는 말의 줄임말로 제품이 시장에 '먹혀들었다'라기 보다 '시장에 적합한 상태' 정도로 해석하는 것이 좋을 것 같다. 즉, '제품이 시장에서 가능성을 보였다'는 상태를 나타내는 말로 이때 'PMF를 찾았다'라고 이야기한다.

PMF를 찾는다는 것을 단순히 제품을 출시하고 사람들이 사용하기 시작한 단계 정도로 말한다면 이것은 극초기 제품이다. 제품이 PMF를 찾기 전 단계인 시장에 막 제품을 출시하는 단계에서 제품 관리자는 제품을 A부터 Z까지 모두 개발하려는 욕심은 버리는 것이 좋다.
극초기의 제품은 시장의 반응 즉, 사용자의 반응을 빠르게 캐치하고 성공 가능성이나 실패 가능성을 빠르게 판단해야 하는 시기다.

이러한 극초기 단계에는 제품을 너무 잘 만들어서 론칭하려고 하기보다는 적당히 '구색'을 갖추어 제품을 출시하는 것이 좋다. 여기서 '구색'이란 마땅히 있어야 할 기능 정도가 다 있는 상태를 의미한다. 이커머스 제품이라면 상품을 보여주는 리스트, 상품의 상세화면, 장바구니, 결제 페이지, 배송 정도가 있다. 이 정도의 기능만 있더라도 제품은 본질적인 기능을 모두 수행한다.

따라서 욕심을 내서 검색을 잘 만들겠다는 등 당장은 필요하지 않은 기능은 모두 배제한 상태로 Priority 0 또는 P0라고 부르기도 하고 MVP라고 표현하기도 하는 상태의 제품으로 출시하는 것이다.

정리하자면 PMF를 찾기 전, 회사에서 내놓은 제품이 이제 막 시장에 출시되는 시기 이전에는 구색을 갖추는 것에 집중할 필요가 있다. 또한 개념을 검증하는 정도 수준으로 제품을 빠르게 만들고 시장의 반응을 확인하자. 정의된 문제와 해결 방법으로 제시한 제품이 시장에서 잘 동작할 수 있는 정도 수준의 제품을 내놓는 것에 집중해야 한다.

15-3

PMF를 찾는다는 것

앞서 잠시 언급했던 PMF를 찾는다는 것의 기준이 있을까? PMF를 이야기하기 위해서는 Retention에 대해서 조금 더 살펴보아야 한다. 제품의 성공 기준을 이야기할 때 Retention에 대해 자주 언급하곤 한다. 리텐션이란, 시간이 지나면서 얼마나 많은 사용자가 제품으로 다시 돌아오는지를 측정한 것으로 주로 Amplitude와 같은 사용자의 행동을 트래킹하는 데이터 트래킹 툴을 활용해서 측정할 수 있다.

이미 인터넷을 사용하는 인구가 30억을 넘겼고, 각 스토어에 등록된 앱의 숫자가 400만 개 이상이나 되는 이 시장에서 3일 이내에 앱을 이탈하는 사용자의 숫자가 80%나 된다는 평균치를 본다면 Retention이 얼마나 중요한 지표인지 말하지 않더라도 알 수 있을 것이다. 그래서 많은 마케터들은 리텐션 마케팅이라는 것을 주로 하게 된다. 이탈하지 않고 고객이 계속 남아 우리 제품에서 꾸준히 구매나 소비 활동을 일으키면 고객의 유지율이 5%만 증가하더라도 수익이 20% 이상 증가하게 되고, 고객 유지율이 2% 늘어나면 비용이 10% 이상 줄어든다는 아마존의 발표가 있었다.

어떠한 사업을 하든 단골을 만드는 것이 중요하다. 자꾸 재방문하고 자주 소비하게 만들어야 한다. 아주 많은 제품이 더 많은 소비를 만들기 위해 다양한 제품을 시도하고 있다. 영상 시청 시간이 짧은 데이터를 기반으로 Shorts를 만든 유튜브와 같이 어떻게 해서든 사용자가 더 많이 앱을 이용하도록 만드

는 것이 무엇보다 중요하다. 방법은 여러 가지가 있겠지만 새로운 사용자를
유치하는 비용보다 이미 우리 앱을 사용하고 있는 사용자를 더 오래 머무르
게 하는 비용이 더 저렴하다는 것을 우리는 잘 알고 있다.

그래서 우리의 제품을 처음 만났을 때 경험이 중요하다. 그리고 그 경험의 좋
고 나쁨을 어떻게 객관화할 수 있을까? 바로 Retention Curve를 확인해 보는
것이다. 만약 우리 제품을 처음 접한 사용자가 그 즉시 앱을 삭제하고 이탈한
다면 우리는 이 제품이 사용자에게 가치를 제공하는 상태가 아니라고 이야기
할 수 있을 것이다.

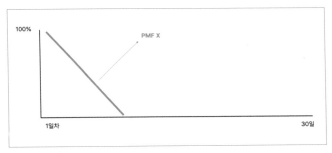

PMF를 찾지 못한 제품의 Retention

그래프에서 보듯 2~3일 정도 기간 내에 모든 사용자가 이탈하고 그래프가 커
브가 아닌 낙하 수준의 직선에 가깝다면 이 제품을 우리는 PMF를 찾지 못한
상태, 제품의 가능성이 없는 상태, 가치를 제공하지 못하는 상태라고 이야기
할 수 있다.

그렇다면 반대의 상태는 무엇일까?

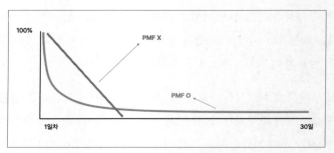

Retention Curve가 형성된 제품

위 그래프와 같이 어느 정도의 Curve를 가진 그래프가 나타나는 상태로 지표가 측정된다면 우리는 이 상태를 PMF를 찾은 상태라고 말할 수 있다. 대부분의 사용자가 이탈한 것은 비슷하지만 일정한 사용자가 30일이라는 기간 동안 남아있기 때문이다. 따라서 이러한 상태의 그래프가 나타난다면 우리는 "PMF를 찾았다", "Retention Curve를 형성했다"라고 이야기한다.

15-4

Retention을 측정하는 방법

리텐션 커브(Retention Curve)는 대부분의 제품에서 확인할 수 있다. 이 커브가 만들어지지 않거나 리텐션이 낮은 제품은 사용자에게 가치가 낮다고 해석해도 지나침이 없다. 그러니 빠르게 다른 제품으로 피벗(Pivot, 기업이나 스타트업이 사업 모델, 제품, 서비스 등을 전환하거나 조정하는 것을 의미)하고 새롭게 도전하는 것이 좋다.

리텐션 지표를 측정하는 것은 제품의 주기마다 차이가 있을 수 있다. 여기서 우리는 크게 두 가지의 형태로 제품을 구분할 수 있다. 사용자로 하여금 더 자주 제품을 사용하게 만드는 것이 목적인 만큼 '자주'라는 기준이 제품마다 필요하다. 만약 매일 수시로 제품을 사용하기를 바라는 형태의 제품이라면 매일 얼마나 많은 사용자가 다시 우리 제품을 사용하기 위해 방문하는지를 측정한다.

그리고 제품의 특성상 사용자가 재사용을 기대하는 시점이 길다면 보다 긴 주기를 갖고 제품의 리텐션을 측정하면 된다. 메신저나 소셜 제품의 경우에는 매일 매시간 수시로 반복해서 제품을 사용하도록 만드는 것이 중요한 가치를 갖는다. 일주일에 한 번, 한 달에 한 번 사용하는 메신저나 소셜 제품이 가치를 갖는다고 이야기하기 어렵다는 것은 누구나 알 수 있다. 반대의 경우도 있다.

여행이나 숙박을 주제로 하는 제품은 여행이라는 특성상 제품의 사용 빈도가 높지 않은 것이 당연하다. 그래서 이러한 유형의 제품은 니즈가 발생할 때 제품을 사용하기 시작해서 원하는 목적을 달성할 수 있도록 돕는 것이 중요한 제품이다. 월세나 전셋집을 구하기 위해 부동산 제품을 사용하는 사용자는 이사가 예정된 기간에 집중적으로 제품을 사용하겠지만 월세나 전셋집을 얻고 나면 기간 특성상 대략 1~2년의 긴 주기를 가진 다음에 제품을 사용하게 될 것이다.

이처럼 제품이 갖고 있는 특성에 맞게 올바른 방법으로 Retention을 측정하는 것이 중요하다. Unbounded Retention은 특정 기간에 제품을 사용한 후 제품을 계속 사용하는 사용자의 비율을 측정한다. 사용자가 제품을 사용한 이후에도 얼마나 오랫동안 제품을 계속 사용하는지를 측정하는 지표이다. Unbounded Retention은 사용자가 제품을 계속 사용하는 정도를 장기적으로 파악하는 데 사용된다.

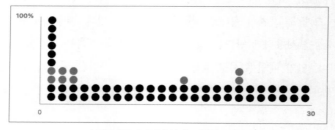

시간의 흐름에 따라 유입되는 사용자 그래프

위 그래프에서 전체 사용자는 첫날 10명이었고 특정 사용자가 첫 3일과 대략 30일 부근에 제품을 다시 사용했다는 것을 확인할 수 있다.

비정기적인 방문 특성을 보이거나 제품의 주기가 긴 유형의 제품은 이렇게 사용자가 방문한 날짜가 비정기적이더라도 이들이 항상 제품을 사용하는 것으로 측정한다. 그래서 실제 이 두 사람이 재접속한 기간이 상당 시일이더라도 매일 방문한 것처럼 측정하여 리텐션 그래프는 아래와 같이 표시된다.

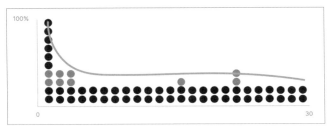

유입 사용자 기준 Retention Curve

반대로 N-day Retention은 특정 기간 내에 제품을 사용한 후 N일 동안 제품을
다시 사용하는 사용자의 비율을 측정한다. 특정 기간 내에 제품을 사용한 사
용자 중에서 N일 후에도 제품을 계속 사용하는 사용자의 비율을 파악하는 것
으로 제품을 사용한 후 특정 기간 내에 사용자가 얼마나 오랫동안 제품을 계속
사용하는지를 측정하는 지표이다. N-day Retention은 특정 기간 내에 제한되
며, 일반적으로 30일 정도의 기간을 기준으로 측정한다.

시간의 흐름에 따라 유입되는 사용자 그래프

같은 사용자의 방문이 발생했다고 하더라도 측정 마지막 일의 방문자가 2명
이며 해당 제품의 리텐션 그래프는 마지막 사용자를 기준으로만 측정하므로
리텐션 그래프는 아래와 같이 나타나게 된다.

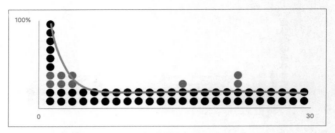

중간에 재유입된 사용자를 무시하는 N-day Retention Curve

Unbounded Retention은 장기적인 사용자 이탈을 측정하는 데 사용되는 반면, N-day Retention은 단기적인 사용자 이탈을 측정하는 데 사용된다. 따라서 Unbounded Retention은 제품의 장기적인 성과를 파악하는 데 도움이 되며, N-day Retention은 제품의 단기적인 성과를 파악하는 데 도움이 된다고 정리할 수 있다.

이렇게 형성된 리텐션을 단순히 측정하는 것도 중요하지만 이를 기준으로 제품의 상태를 파악하고 다음을 준비하는 것이 더 중요하다.

15-5

Retention에 따른 제품의 상태

기간별 리텐션 지표가 어느 정도인지에 따라 제품의 상태와 가치를 가늠할 수 있다. 우리나라 스타트업을 대표하는 모 기업의 대표가 PO Session에서 했던 이야기는 다음과 같다.

"리텐션이 20%를 넘고 굴곡이 있을 때 PMF가 있다고 말합니다. 리텐션 커브가 플랫해지면 PMF가 달성되었다고 볼 수 있으며, 이때 고객을 정확히 파악할 수 있습니다. 20%보다 낮다면 성공적인 사업을 영위하기는 어려울 수 있습니다."

"리텐션이 40% 정도 되면 유니콘이 될 수 있고, 70%가 되면 세상을 바꿀 수 있습니다. 리텐션의 높이가 결국 기업의 가치를 결정합니다. 다만, 산업과 BM에 따라 기준값에 차이가 있고, 며칠 차 리텐션을 기준으로 하는지가 다릅니다. 완성도 있는 스타트업 제품들의 리텐션도 보통 20~30%, 아무리 높아 봐야 40%에 불과합니다."

실제로 각 모바일 앱스토어에 등록된 제품들의 평균 리텐션은 10% 정도 수준이다. 그만큼 사용자가 꾸준하게 제품을 사용하도록 만드는 일은 어렵다는 뜻이다. 그렇다고 그보다 조금 높은 수준에서 머무를 수는 없다. 우리는 모두 성공을 바라고 일하고 있기 때문이다. 리텐션을 성장시키기 위해서는 각 제품의 단계와 상황에 맞는 적절한 기능을 추가하는 것이 좋다.

그래서 우리가 지금까지 제품의 유형에 대해 그리고 그 유형과 단계에 맞는 제품 고도화 계획에 대해 이야기해 온 것이다. 리텐션이 낮다면 리텐션을 올릴 수 있는 방법을 찾아야 한다. 다만 이 선택은 제품이 충분하게 사용자에게 가치를 전달한다는 확신의 단계 이후여야 한다는 것을 잊지 말자.

제품 초기부터 리텐션 지표를 올리려고 무리하게 다양한 기능을 제공하는 것은 사용자를 혼란스럽게 만들 수 있고 제품의 방향을 잃게 만드는 요인이 될 수 있다.

앞서 우리는 제품의 유형, 전략에 대해 살펴보았다. 그리고 이제 Retention 을 알게되었다. 모든 제품은 더 자주 사용자가 유입되기를 희망하지만 N-day Retention을 사용하는 제품과 같이 가급적 매일, 더 자주 방문하기를 희망하는 제품의 유형과 일정한 주기를 갖고 사용자가 유입되기를 희망하는 제품이 각각 취해야 하는 전략이 다르다는 것을 제품 담당자는 알아야 한다.

제품이 일정한 주기를 갖고 사용자가 재방문하는 경우 이 주기의 간격을 좁히는 것에 집중하기보다는 해당 주기 내에서 더 높은 사용자 경험을 유도하여 Retention Baseline 자체를 위로 올리는 행위에 더 집중해야 한다.

16

시작하는 제품
담당자를 위하여

16-1

시작하는 모든 제품 담당자를 위하여

시작은 언제나 실행이 중요하다. 시작해 보면 별것 아니라고 생각할지도 모르겠지만 생각보다 어려운 일이 바로 제품 관리자의 일이다. 어떠한 형태의 조직 구조로 되어 있느냐에 따라 일하는 방법이 다를 수 있고, 회사마다 가지고 있는 고유의 문화에 따라서도 그 형태나 방법이 달라질 수 있지만 결국 변하지 않는 것은 '제품을 만드는 일을 한다는 것'이다.

그리고 그 제품은 '내가 원하는 것'이 아니라 '소비자가 원하는 것'이어야 한다. 성공하는 제품과 그렇지 않은 제품은 언제나 한 가지의 차이만 존재한다. 소비자에게 선택받았는가 그렇지 못했는가 말이다. 소비자의 선택이 결국 그 제품을 성장하게 만들고 제품을 만드는 기업도 성장하게 된다. 제품 담당자로 일할 때는 부디 제품을 통해 자아실현을 하려고 하지 않았으면 한다.

제품은 소비자를 위한 것이지 나를 위한 것이 아니다. 경력과 경험을 위해서 할 일은 제품의 본질적인 목표를 달성하는 과정에서 발생하는 것이지 결과로 나타나는 것이 아니다. 결과가 모든 것을 설명해 주지 않는 경우가 더 많다. 그리고 언제나 내가 완벽하지 않다는 겸손한 자세가 그 무엇보다 중요하다. 겸손한 자세는 더 많은 성장의 가능성을 가지고 있다는 간접 증거다. 그래서 신념을 가져야 할 부분과 겸손해야 할 부분을 잘 구분해야 한다.

이 구분의 기준이 명확하게 무엇이라고 정의하기는 정말 어렵지만 가장 확실한 것은 데이터를 기준으로 이야기하는 것이다. 그러니 옳다고 이야기할 수 있는 확신은 데이터를 근거로 이야기해야 하고 단순히 과거의 경험이나 다른 조직의 성공을 거울삼아 우리 조직과 제품에 빗대어 이야기하는 것이 능사는 아니다. 그들과 우리는 다를 수 있고 다른 사람들이 일하는 곳이기 때문이다. 결과가 중요하다고 해서 과정을 무시할 수 없다. 독선적이어서도 안 되고 그렇다고 방임해서도 안 된다. 목표를 명확하게 하되 상황에 따라 유연해야 한다.

신념을 가지고 있으면서 겸손해야 하고 추진력을 갖추고 있으면서도 일의 앞뒤를 가리지 않고 깊은 헤아림 없이 일을 진행해서도 안 된다. 맞다. 상당히 어렵고 난해하다. 그래서 이 일을 잘 해내는 사람이 많지 않은 것이기도 하다. 이러한 어려운 일을 반드시 성공시키겠다는 욕심을 갖고 일하는 것도 중요하지만 진정으로 소비자가 원하는 것을 정확하게 만들어내는 것에 집중해 보면 좋겠다. 일을 하다 보면 언제나 '하고 싶은 것'이 생각나게 마련이다.

내가 하고 싶은 것이 다른 이도 하고 싶은 것이 맞다면 더할 나위 없을 것이다. 하지만 제품 담당자가 하는 가설은 대부분은 틀린 것이다. 그러니 소비자의 목소리를 더 많이 듣는 겸손함을 부디 잊지 않았으면 한다. 이 책의 모든 글은 그동안 내가 실수해 온 것과 지금도 고쳐지지 않는 것들을 분야별로 하나씩 나열하고 앞으로 지켜나갈 것들을 적어 놓은 것이기도 하다. 그래서 더 나은 경험을 가진 사람들에게는 다소 부족함이 느껴졌을지도 모르겠다.

제품을 개발하는 데 있어 바이블이 있었다면 세상 어느 기업도 실패하지 않았을 것이다. "실패는 성공의 어머니"라는 말을 어린 시절 많이 들어왔지만, 사업을 하면서 그리고 제품 관리자로서 일하면서 비로소 이 말이 가슴에 와닿는 것 같다. 실패가 없었다면 성공할 수 없었을 것이고 그것이 잘못되었다는 것을 알 수 없었을 것이기 때문이다.

세상에는 너무 좋은 글과 콘텐츠가 넘쳐난다. 다이어트를 희망하는 사람에게는 그들의 행동 양식이 잘못되었음을 알려주는 영상과 글이 넘쳐나고 돈을 많이 벌고 싶은 사람에게는 그에 맞는 다양한 돈 버는 방법의 콘텐츠가 넘쳐 난다. 하지만 그 영상을 100명이 본다 한들 100명 모두 다이어트에 성공하지도 못하고 100명 모두 부자가 되지도 못한다. 왜 그럴까? 실행이라는 것 자체가 그만큼 어려운 일이기 때문이다.

모두가 다이어트에 성공하는 방법을 잘 알고 있다. 평소에 먹는 양보다 덜 먹고, 더 많이 운동하는 것이다. 하지만 누군가에게는 너무나 어려운 일일 수 있다. 하지만 일단 시작하는 사람과 그저 그런 핑계로 시작하지 않는 사람은 그 순간부터 격차가 생기게 된다.

나는 실행에 큰 가치를 둔다. 그것이 Jira에 이슈 티켓을 생성하는 것부터일 수도 있고, 노트에 그저 끄적이며 무엇을 만들지 고민하는 것부터일 수도 있다. 작은 실행은 제품 담당자에게 있어 앞으로 더 많은 고민의 시간을 만들어준다. 결국 제품 담당자는 끊임없이 고민하고 그 고민의 답을 고객으로부터 찾아내야 한다. 자문자답해서는 안 된다.

무엇이든 고객과 이야기해야 한다. 고객을 만날 형편이 되지 않는다면 같이 일하는 동료와 이야기를 나누어보는 것도 방법이다.

16-2

제품 철학

"제품을 개발하실 때 본인만의 어떠한 철학이 있으신가요?"

PO, PM의 면접에서 자주 묻기도 하고, 자주 받기도 하는 질문이다. '당신은 어떠한 철학을 가지고 있는가?'라는 질문에 바로 답할 수 있는 준비가 되어있는가?

제품을 개발하는 데 있어 철학이라고 이야기하면 너무나 무거워 보일 수 있지만 그저 한 가지로 항상 답을 하는 편이다. '제품을 만드는 구성원 스스로가 사용자가 될 수 있는 제품'을 만드는 것이라고 말이다. 제품을 만드는 사람조차도 그 제품의 사용자가 될 수 없다면 사실 제대로 된 제품이라고 여기지 않는다. 금융 앱을 만들었는데 정작 다른 회사 금융 앱을 사용하고, 병원 찾기 앱을 만들면서 포털사이트에서 병원을 찾는다면 얼마나 슬픈 일인가.

제품을 만들고 있는 팀원들 스스로가 제품의 진짜 사용자가 될 수 있어야 비로소 성공에 한 걸음 정도 다가가고 있다고 이야기할 수 있다. 나 스스로가 제품을 사용하면서 불편하다면 그 부분을 개선해야 하고, 구성원이 제품을 사용하지 않는다면 그 원인을 찾아서 개선해야 한다. 원인을 찾았으면 역시 해결이라는 실행을 해야 한다. 대단한 철학은 필요 없다. 그저 작은 것부터 하나씩 해내는 것이다.

16-3

우주 볼펜 이야기

우주 볼펜에 대한 일화를 들어본 경험이 있을 것이다. 미국 항공 우주국 (NASA) 소속의 우주왕복선에 탑승한 우주 비행사들이 무중력 상태의 우주에서 일반 볼펜의 사용이 불가능하자 이 문제를 해결하기 위해 거액의 자금을 들여 우주에서 사용 가능한 볼펜을 개발했다는 것이다. 하지만 러시아 우주 비행사들은 연필을 사용해서 이 문제를 쉽게 해결했다는 일화다.

실제 사례는 이와 정반대지만(우주에서 볼펜 사용이 가능하고 실제로 우주에서 사용할 수 있는 볼펜이 개발되기는 했지만 미국 항공 우주국(NASA)에서 개발한 것은 아니라고 한다.) 이야기가 어찌되었던 우리가 위 일화에서 살펴볼 내용은 누군가는 같은 문제를 바라볼 때 아주 어렵게 해결하기도 하지만 한편에서는 너무나 쉽게 해결할 수도 있다는 것이다.

간혹 제품 담당자들이 갖는 문제는 무언가 대단한 기술로 해결해야만 한다는 것에 집착하거나 또 그래야만 한다고 생각하기도 한다는 것이다. 반대로 이러한 유형의 사람이 아니더라도 문제 해결의 방법을 '기술'에서만 찾으려고 한다는 것이다. 오히려 간단한 문장의 수정이나 UI의 변경 정도만으로도 쉽게 일이 해결되는 경우도 있다.

생각보다 이렇게 해결될 수 있는 문제 케이스들이 많다. 문제를 정의해야 하고 그것을 멋지게 해결해야 하는 것만이 제품 담당자의 일이 아니다. 팀이 정말 리소스를 많이 투자해서 해결해야 할 문제에 집중할 수 있도록 하고 이를 통해서 회사와 제품의 실질적인 성장을 달성하는 것이 중요하기 때문이다.

그러니 혁신적인 경험을 제공해야만 한다거나 대단히 멋진 무언가로 문제를 해결해야 한다는 생각을 조금은 뒤로 미루어두고 본질에 집중하면 좋겠다.

16-4

분식집과 소고깃집

음식점을 운영하는 사장님들의 이야기를 통해 지금까지 우리가 나누었던 이
야기들을 정리해 보며 길었던 이 글을 마무리하고자 한다. 음식점을 운영하
는 사장님은 분식집 사장님과 소고깃집 사장님 두 명이다. 먼저 이 두 음식점
의 사장님이 각각 어떤 손님을 기대할지 생각해 보자.

분식집을 운영하는 사장님은 손님이 더 자주 방문하기를 바랄 것이다. 물론
소고깃집을 운영하는 사장님도 손님이 자주 방문해 주기를 바라겠지만 쉽고
간편하게 먹을 수 있는 메뉴도 아니고, 가격대도 어느 정도 있으니 소고깃집
사장님은 손님이 한번 방문했을 때 세상에서 가장 맛있는 소고기의 맛을 보
고 기억한 뒤 또 다른 특별한 날 다시 찾아주길 기대할 것이다.

이렇게 어떤 음식점을 운영하는가에 따라서 사장님이 기대하는 손님의 방문
주기가 달라진다. 그리고 각각의 사장님은 그에 맞는 전략을 취할 것이다. 손
님이 점심시간마다 자주 방문하기를 바라는 분식집 사장님은 다양한 메뉴를
준비할 것이고, 각각의 메뉴는 합리적인 금액이면서 빠른 조리가 가능할 것
이다. 공간이 제한적이므로 최대한 빠른 회전을 원할 것이고 이에 맞춰 매장
의 분위기 역시 역동적이고 바쁜 분위기의 환경과 빠른 서빙을 위한 동선으
로 최적화할 것이다.

소고깃집을 운영하는 사장님은 메뉴 특성상 오래 머무르며 더 비싼 메뉴를
주문할 수 있도록 품질이 좋고 등급이 높은 소고기를 준비할 것이고, 오래 머

무르는 동안 불편하지 않도록 조용하고 최상인 서빙을 제공할 것이다. 분식집 사장님은 더 많은 손님이 더 자주 찾아오게 만들기 위한 전략을 앞으로 계속 실행할 것이고, 소고깃집 사장님은 적은 손님이라도 최상의 경험을 통해 비록 방문 주기가 분식집에 비해 길겠지만, 필요한 시점에 다시 찾을 수 있도록 좋은 품질과 서비스를 제공하는 전략을 실행할 것이다.

위 두 가지 음식점의 이야기는 우리가 만들고 있는 제품과 같다. 물론 소고깃집으로 시작해서 점심 메뉴를 추가하고 점심 장사로 새로운 판로를 확보할 수도 있고, 매장을 확대하여 더 많은 손님을 받을 수도 있지만 본질적으로 무엇을 만들고 무엇을 제공하느냐에 따라 기본적으로 취해야 하는 전략의 시작점은 다르다는 것이 핵심이다.

음식점에서 어떤 메뉴를 제공하느냐가 그동안 우리가 이야기를 나눈 핵심 이벤트이고, 어떤 주기를 갖느냐가 바로 리텐션(Retention)이다. 소고깃집 사장님이 더 많은 손님이 매일매일 방문하기를 바라면서 취할 수 있는 전략은 많지 않다. 오히려 이러한 전략은 비용만을 증가시킬 확률이 높다. 분식집 사장님이 갑자기 고급화를 노린다고 해서 분식집을 경험하는 손님들이 고급스럽다고 느끼기는 어렵다.

뻔해 보이는 이러한 본질적인 원리를 제품 담당자들을 비롯해 많은 의사결정 권자가 놓치곤 한다. 소고깃집과 같이 상대적으로 주기가 긴 제품을 만들고 있으면서 분식집의 전략처럼 기능을 다양화하는 것. 이러한 실수가 바로 핵심적인 기능 외에 부가 기능을 더 개발했는데도 사용자들이 자주 제품을 사용하지 않으니 또다시 더 많은 기능을 만들려고 하는 것과 마찬가지다.

중요한 것은 음식의 맛이 형편없는 것이란 사실을 깨닫지 못한 채로 말이다. 내가 만들고 있는 제품이 어떤 유형에 속하는지, 사용자에게 기대하는 행동이 무엇이고 적절한 재방문 주기는 얼마인지 알고 있다면 제품 담당자는 어떤 의사결정을 해야 할지 고민하지 않을 것이다. 즉, 사용자를 더 자주 방문하게 만들기 위해 다양한 기능을 만들 것인가, 한 달에 한 번을 방문하더라도 제대로 된 가치를 전달할 것인가 두 가지 사이에서 고민하지 않을 것이다.

지금 우리가 다루고 있는 제품을 통해 사용자가 해주기를 기대하는 것들이 제대로 동작하고 있는지부터 점검하는 것이 일의 시작이다. 그리고 다양한 기능을 붙이는 것보다 덜어내는 것이 더 어렵다는 것을 알게 될 것이다. 제품 담당자가 해야 할 일 중 가장 중요한 것은 문제를 잘 정의하는 것이며 이에 따라 적절한 솔루션을 제시하는 일이라고 생각한다. 그래서 문제를 잘 정의했다면 최적의 솔루션을 찾기 위해 더 많이 고민했으면 좋겠다.

글을 마치며

이 책을 집필하게 된 이유는 누군가에게 도움을 주려는 목적보다는, 오히려 그 동안의 경험을 돌아보고 명확하지 않았던 개념들을 정리하고자 함이었습니다. 그동안 만나온 수많은 구성원들, 사업을 이끌어온 대표들, 그리고 다양한 회사의 협업 파트너들과 함께했던 시간들은 금전으로 살 수 없는 소중한 경험이었습니다.

제품을 만든다는 것은 단순히 재미를 넘어, 내게는 가슴을 뛰게 만드는 일이었습니다. 세상에 내놓은 제품을 누군가가 사용해 준다는 사실은 10년이 넘는 시간 동안 언제나 나에게 살아있음을 느끼게 해주었고, 지금도 여전히 그러합니다.

PO, PM으로 커리어를 쌓아가는 모든 이들이 세상에 없는 가치를 창출하기 위해 지금도 많은 고민을 하고 있을 것이라 믿습니다. 모두가 당장 박수받는 성공을 경험하기는 어렵겠지만, 오늘 하루 실천한 작은 일들이 고객 경험을 개선하기 위한 노력이었다면, 언젠가 더 큰 보상으로 돌아올 것이라 확신합니다.

마음을 급하게 먹는 것은 실수를 초래하고, 그 실수는 돌이킬 수 없는 결과로 이어질 수 있습니다. 그러니 기민하게 대응하되 침착함을 유지하고, 스스로를 낮추며 자신의 상태를 명확히 볼 수 있어야 합니다. 자기 객관화가 제대로 이루어지지 않으면, 주변으로부터 신뢰를 얻기 어렵습니다.

무엇이든 할 수 있다는 자신감이 자만심이 아닌지 되돌아보며, 구성원에게 나의 의견을 일방적으로 관철하려 하기보다는 설득하기 위해 다양한 커뮤니케이선 방법을 시도해 보는 노력이 필요합니다. 이 과정이 지금 당장은 많은 감정을 소모하고 시간을 허비하는 것처럼 느껴질 수 있겠지만, 앞으로 추진하려는 모든 일에서 그 구성원이 최선을 다해 당신을 도와줄 것이라는 믿음을 가지길 바랍니다.

PO, PM은 혼자서 할 수 있는 일이 아무것도 없습니다.

프로덕트 개발의 모든 것

13년 차 PO의 성공적인 제품 개발 전략과 노하우 & 마인드셋

발행일	2024년 12월 20일
지은이	김수재
펴낸이	김범준
기획·책임편집	유명한
교정교열	양은하
편집디자인	나은경
표지디자인	최치영

발행처	(주)비제이퍼블릭
출판신고	2009년 05월 01일 제300-2009-38호
주 소	서울시 중구 청계천로 100 시그니처타워 서관 9층 949호
주문/문의	02-739-0739 **팩스** 02-6442-0739
홈페이지	http://bjpublic.co.kr **이메일** bjpublic@bjpublic.co.kr

가 격 16,500원
ISBN 979-11-6592-308-2(93000)
한국어판 © 2024 (주)비제이퍼블릭